東京学芸大学附属幼稚園竹早園舎
東京学芸大学附属竹早小学校
東京学芸大学附属竹早中学校　著

子どもが輝く

幼小中連携の教育が
教えてくれたこと

70周年
東洋館出版社

はじめに

東京学芸大学附属竹早中学校校長
丹 陽子

　9月に行う中学校の運動会の予行演習のときでした。全校生徒が体操の隊形となり，音楽をかけて体操を始めると，高台にある幼稚園の園舎の方から，「がんばれ～，がんばれ～。」という可愛い声援が聞こえてきました。ふと見上げると，十数人の園児たちが，園庭に出て，中学生の姿を見つけて必死に声を上げているのでした。中学生たちは一瞬戸惑いましたが，すかさず朝礼台の上で模範の演技をしていた3年生の運動会準備委員の生徒が，「皆さん，幼稚園の園児の声援に答えましょう。」と声をかけたのです。すると中学生たちは皆，実にほがらかな包み込むような笑顔になって，園児たちに優しく手を振って答えました。園庭からは園児の歓声が聞こえて来ました。そして年が明けて3月の卒業式のとき，幼稚園の教員と一緒に園児たちは，中学校の卒業式の会場である体育館の入口に駆けつけ，「卒業おめでとう」と中学3年生にお祝いの言葉をかけに来てくれたのです。その微笑ましい光景は卒業生をはじめ，多くの人々の心を温かくしてくれました。

　これが，竹早地区の幼小中連携教育研究の30年間の中で育まれ，継続してきた光景の一つです。幼小の連携教育研究は創立後かなり早い段階から行われて来ましたが，竹早地区の一体型校舎ができてからは，幼小中の連携が模索され，平成28年度には30年の歳月を刻むことになりました。

　先ほどの園児と中学3年生の絆は，この幼小中連携教育研究の中で，中学校家庭科の保育の授業の中から生まれて来たものです。同じような光景が幼小，小中と様々な教科や合同授業の実践の中から生まれ，育まれ，子どもたちの成長に豊かさを与えています。

　竹早地区の幼小中連携教育研究は決して研究のための研究ではありません。子どもたちの未来と人生を見据えての教育・研究です。その歴史と特色を明らかにし，多くの方々に知っていただきたいと願い，本書は編まれました。異校種・教科を超えて協働し，連携していくためにはどのような工夫が必要なのか，そのヒントをお示しすることができたと存じます。

　義務教育学校における小中一貫，中等教育学校における中高一貫教育などの一貫教育とは異なる，連携教育の意義についても一つの事例として参考にしていただけたら幸いです。

　「ボトムアップ」「実践から理論へ」「無理なく」は本書におけるキーワードになると思います。竹早地区の特色として注目していただきたいと思います。

　最後になりましたが，長年にわたるこの教育実践と研究に携われた全ての皆様に感謝申し上げます。また本書の完成にご尽力下さいました東洋館出版社の皆様に御礼申し上げます。

もくじ

はじめに　1

第1章　竹早の幼小中連携の歩み

竹早地区幼小中連携教育研究の概要……… 6
徹底対談　東京学芸大学附属学校竹早地区
幼小中連携教育研究の歩み……… 8
竹早地区連携教育研究の運営と方法………20

第2章　実践報告　合同実践

**幼小接続「相手意識」をもって関わる
〜互恵性をもった交流活動について〜**……… 44

〈実践〉2年保育5歳児つき組「相手を知って関わろう」……… 46
〈実践〉小学校1年「相手を知って関わろう」……… 48
〈コラム1〉キッズフェスティバル……… 50
〈コラム2〉竹の子祭……… 51

**国語科「文壇パーティへようこそ」
〜小中合同授業を生かした創作活動〜**……… 52

〈実践〉小学校3年・中学校2年「文壇パーティへようこそ」……… 54

技術・家庭科／家庭分野・栄養　幼小中の家庭科の連携の工夫と実践……… 58

〈実践〉小学校6年・中学校2年「保存食を作って食べてみよう」……… 60
〈実践〉中学校3年「幼児とのふれあい体験学習」……… 62

〈コラム3〉生徒が創る運動会 ……… 64
〈コラム4〉中学生の手作りおもちゃで遊ぼう ……… 65
〈コラム5〉たけのこタイム・マイタイム ……… 66

第3章 実践報告 校種別実践

社会科 「他人事」から「自分事」へ
社会を追究する目を育てる小中連携の授業 ……… 68

〈実践〉小学校3年「1さつの本ができるまで」 ……… 70
〈実践〉中学校1年「気象災害は防げないか？〜2014広島土砂災害を例に〜」 ……… 72

算数・数学科 観察や操作を通して，図形の観念を育む指導 ……… 74

〈実践〉小学校1年「つんでつくろう」 ……… 76
〈実践〉中学校1年「投影図の活用『正四角錐の側面の辺の長さを求める』」 ……… 78

理科 「もののとけ方〜見えない世界〜」および
「気象（天気の変化）」における思考の可視化 ……… 80

〈実践〉小学校5年「もののとけかた『見えない世界』における粒子概念の導入」 ……… 82
〈実践〉中学校2年「「気象（天気の変化）」における生徒による天気予報の実践」 ……… 84
〈コラム6〉主体性がある授業 ……… 86
〈コラム7〉竹早地区での部活動 ……… 87

音楽科 他者と関わり・つながる場としての音楽の活動 ……… 88

〈実践〉小学校1年「わらべうた『いもむしごろごろ』であそぼう」 ……… 90
〈実践〉中学校1年「サンバで感じる一体感」 ……… 92

図工・美術科 連携カリキュラムによる主体的造形活動 ……… 94

〈実践〉小学校1年「アートぞうけい」 ……… 96
〈実践〉中学校2年「新たな視点で世界を見直そう」 ……… 98

健康／保健体育・養護・栄養
動きを追究しよう「器械運動」／動きから技へ「器械運動」について ……… 100

〈実践〉小学校5年「動きを追究しよう『器械運動』」……… 102

〈実践〉中学校3年「動きから技へ『器械運動』」……… 104

〈コラム8〉小中連携の先駆け！「小中合同体育」……… 106

〈コラム9〉ゆるやかに9年間をつなぐということ ……… 107

技術・家庭科／技術分野 ダイコンの袋栽培を通して
栽培技術を習得する ……… 108

〈実践〉中学校2年「ダイコンの袋栽培を通して栽培技術を習得する」……… 110

外国語 伝え合う力・コミュニケーション能力の育成
―インプット，インテイクから発信につなげる― ……… 112

〈実践〉小学校4年「"Me Book"で自己しょうかい」……… 114

〈実践〉中学校1年「教科書のDialogを利用した発表活動」……… 116

人間グループ／道徳・総合的な学習の時間・特別活動
横断領域としての「人間グループ」の性質 ……… 118

〈実践〉小学校5年「ぷすぷすアイランド♥～つまようじの世界へようこそ！～」……… 120

〈実践〉中学校1年「感謝と思いやりの気持ちをもって」……… 122

〈コラム10〉竹早祭 ……… 124

〈コラム11〉文研 ……… 125

〈コラム12〉生徒主体でつくる魅力あふれる宿泊行事 ……… 126

〈コラム13〉生活の記録 ……… 127

竹早地区連携教育研究に期待すること ……… 128

おわりに ……… 132

執筆者一覧 ……… 133

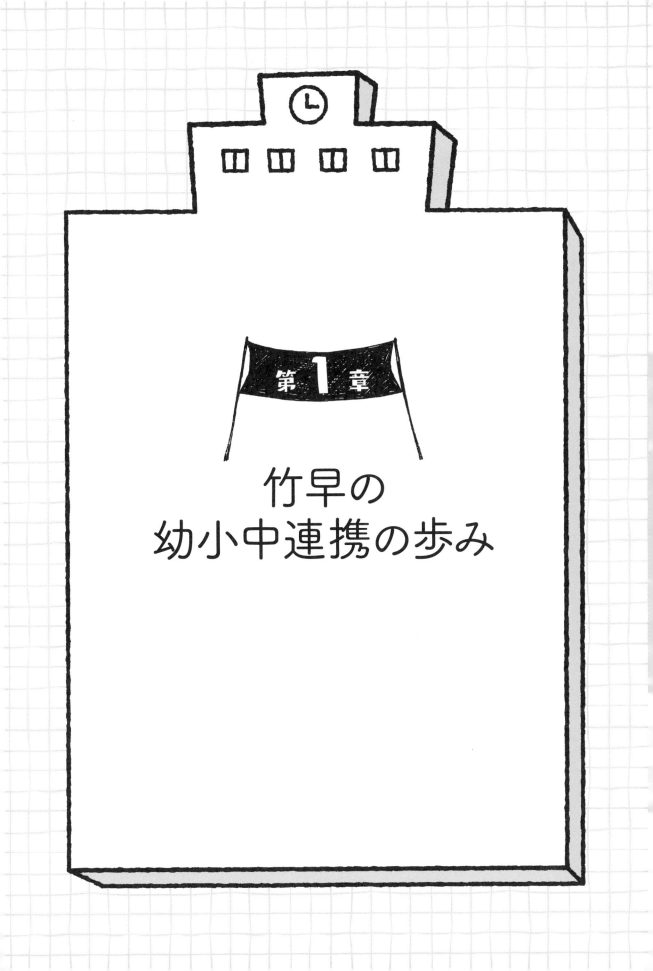

竹早地区幼小中連携教育研究の概要

1. 竹早地区附属学校園

　東京学芸大学附属竹早地区は，敷地内に幼稚園と小学校と中学校があります。2017年度の各学校園の規模は，以下の通りです。

　　幼稚園……学年1学級　学年園児数　　30名
　　小学校……学年2学級　学年児童数　　70名
　　中学校……学年4学級　学年生徒数　　160名

　幼稚園から小学校，小学校から中学校へは，連絡進学を基本とし，希望者全員の進学が認められています。そのため，幼稚園から竹早地区に通っている子どもの多くは，11年間を竹早地区で過ごします。

　教員の数は，専任教諭に限れば，幼稚園2人，小学校18人，中学校21人です。小学校の校長と副校長は，それぞれ幼稚園の園舎長，副園長を兼務しています。

2. 竹早地区連携教育研究の流れ

　竹早地区幼小中連携教育研究は，1986年度から実に30年以上という他に類をみない歴史を誇ります。その歩みは，以下のように大きく7期に分けられます。

期	年	研究内容
第1期	1986 ～ 1990	幼小中一貫教育の創造とその実践により適した小中一体化校舎に関する研究（小中一体化校舎の構想）
第2期	1991 ～ 1995	校舎完成後の幼小中一貫教育研究の構想 幼小・小中の円滑な接続を図るための教育課程の基礎研究
第3期	1996 ～ 2000	小中一体化校舎の建設
第4期	2001 ～ 2005	幼小中連携教育研究の基礎づくり 指導案の検討や実践の交流を通した異校種の教育観・授業観・文化の理解と共有
第5期	2006 ～ 2012	幼小中連携カリキュラムの創造に関する研究 前期（2006 ～ 2008）子どもの発達と接続に関する研究 後期（2009 ～ 2012）連携カリキュラムの創造に関する研究
第6期	2013 ～ 2016	幼小中連携カリキュラムの検証に関する研究
第7期	2017 ～現在	学びを深める場に関する研究

　小中一体化校舎建築計画を契機に始まった幼小中連携教育研究は，校舎完成後の第4期から本格的に動き出しました。第4期の実践の交流を通した異校種理解から始め，第5期では幼小中連携カリキュラムの創造，第6期では創造した連携カリキュラムの

検証へと展開していきました。現在は，連携カリキュラムに関する研究をまとめ，これまでの成果を踏まえて第7期研究として，主題「学びを深める場をつくる」に取り組んでいます。

　本書は，この中の第5期，第6期（2006年度から2016年度）を中心に幼小中連携カリキュラムの創造と検証に関する研究の実態とその成果をまとめたものです。

3.竹早地区連携教育研究の方法

　本書は，竹早地区の研究推進の方法とその実態を示すことに重点を置いています。これは，異校種が協同で取り組むことから来る連携教育研究特有の難しさがそこにあるからです。実際，連携教育研究に携わる多くの先生方と話をしていると，必ずと言ってよいほど，どのような方法で，研究運営をしていけばよいのかという話題になります。また我々自身もその難しさを痛感してきました。

　それでも長く連携教育研究を推進できているのは，本地区の研究の運営や方法の根底にある考え方のおかげと確信しています。その考え方の要点は，次の通りです。

> ・他校種の価値観と文化を尊重し，他校種の教育活動に不都合が生じないように配慮した研究運営
> ・幼小中全教員によるボトムアップの研究運営
> ・「子どものため」「学校のため」とともに「教員のため」の研究
> ・無理なくよい研究をすること
> ・実践から理論をつくること

　こうした考え方に基づいて，どのような研究運営がなされ，どのような研究方法がとられたのか。またそもそもこうした考え方がどのように生まれてきたのか。本章2節では，研究の立ち上げから軌道に乗るまでの試行錯誤の過程のエピソードを，当時の研究に中心的に関わった平成29年度小学校副校長と中学校副校長の対談形式で記述しました。また，続く3節では，連携教育研究の運営や方法の実際が示してあります。

4.竹早地区連携教育研究の成果

　もちろん研究成果も示してあります。連携の実践に関する成果はもちろん，連携教育の目標が「主体性の育成」なので，主体性に関する研究成果もあります。

　主体性に関する成果としては，主体性の成長を4つのステージと8つのステップで捉えた「ステージステップ」，生徒個々の，あるいは学年集団の主体性に関するデータを蓄積する「データベースシステム」です。

　また，連携に関する成果としては，幼小中11年間の学びの連続性を具体化した「幼小中連携カリキュラム」「連携の実践を構想するための視点」を紹介していきます。

　研究方法とあわせて，これらの成果にもご覧ください。　　　　　　（文責：小岩　大）

徹底対談
東京学芸大学附属学校竹早地区
幼小中連携教育研究の歩み

東京学芸大学附属幼稚園竹早園舎副園長
東京学芸大学附属竹早小学校副校長
彦坂 秀樹

東京学芸大学附属竹早中学校副校長
勝岡 幸雄
（役職は平成30年3月現在による）

対立から対話へ　～竹早地区連携教育研究の30年の軌跡を語る～

　東京学芸大学附属学校である竹早地区は「幼小中連携教育研究」が特色です。本地区で連携教育研究を始めて30年がたちました。ここではその歴史と歩みについて附属幼稚園竹早園舎副園長・附属竹早小学校副校長の彦坂秀樹，附属竹早中学校副校長勝岡幸雄の対談により紹介します。これからの一貫教育や連携教育研究を進める上で参考にしていただければ幸いです。

幼小中の創立と連携教育研究への道のり　～新校舎新築と共に連携教育の道へ～

彦坂：幼稚園と小学校の歴史を振り返ると，幼稚園は明治37年創立，小学校は明治33年に創立されました。昭和32年に東京学芸大学の小金井統合に伴い，幼稚園は約半数の園児が小金井校内に移され，二つの地区に分かれました。竹早幼稚園と小学校は昭和20年代から連携を取りながら教育を進めて現在に至っています。幼小合同の代表的行事として「キッズフェスティバル（運動的表現活動の場：6月）コラム50ページ参照」「竹早祭（11月）コラム124ページ参照」があります。

勝岡：中学校は昭和22年創立です。昭和63年に小中一体化の竹早地区校舎新築計画の起業に伴い，小中一貫教育のシステム作りを開始することとなりました。幼小の連携教育研究の長い歴史の上に昭和の終わりの1980年代末から当初小中一貫の構築が目指されることとなり，さらにその後

旧竹早地区写真

幼小中連携の道へと進んで行ったという流れだと思います。

小中一体型校舎完成と与えられた課題　〜ハードはできた，ソフトはどうすれば〜

勝岡：平成9年に中学校棟が完成し，平成11年に小学校棟が完成しました。中学校は五階建てで，各教科ごとに教材準備室と各教科の教室があるのが特徴です。授業は各教科の教室を使用して行うことが中心となっています。

彦坂：小学校はオープンスペースの教室と，専科の教室を中心とした作りになっています。一体型校舎ですが，内部は各校種の考え方を尊重した作りになっています。メディアルーム，ランチルーム，家庭科室など小中共用の空間もありますが，ルールを定めて運用しています。

勝岡：その頃「ハードができたのにソフトはどうなっているか」という趣旨の大学からの聞き取りがあり，その後，本腰を入れて連携を進めることとなりました。学芸大には四地区（小金井・世田谷・大泉・竹早）の附属があり，今後それぞれの附属が生き残っていく上で，それぞれ

現在の竹早地区の写真（上空から）
グーグルマップより

の特色をしっかり主張していこう，という機運が研究部を中心に高まりました。その中で，竹早地区の強みはやはり幼稚園，小学校，中学校の11ヵ年の幼児，児童，生徒の成長を見ていくことができることにあると改めて認識したことによるものだと思います。

一貫から連携へ　〜お互いに顔を合わせても挨拶もしないようなこともありました〜

勝岡：一体型の校舎は魅力的だと思います。竹早地区は一貫から連携に移行しましたが，この校舎一体型を大いに生かすことができていると思います。

彦坂：教科としては幼小中連携カリキュラムを作成したことで，11年間の子どもの学びの大きな流れはできました。さらに大きな柱として幼小のときから個の興味・関心を大事にする教育を充実させ，主体性を重視する教育へとつながっています。

勝岡：一体型の校舎になる前は同じ敷地内にあっても，小学校の教員が中学校に来ることはほとんどなく，また中学校の教員が小学校に行くこともありませんでした。お互いに顔を合わせても挨拶程度というようなこともありました。といっても一部の教員は行き来があ

竹早小中学校の子どもたち

りましたが，それでもあまり活発ではなかったのが事実です。
彦坂：それでも中学生は小学校の生徒にいろいろ指導したりしてくれていて，子どもたちは自然に交流していたように思います。小学校の運動会の前に中学生が小学校の応援団のダンスを教えにきてくれました。私は当時，応援団の担当でしたが，小学生が自分たちで中学生にお願いして来てもらっていたのが印象に残っています。

「連携」を作り上げる上での苦労　～文化の違い，全教員が集まるのは年に一・二回～

勝岡：「連携教育研究」を幼稚園，小学校，中学校の三校種が共通の研究テーマとして取り組み出したのは15年前（2003年）くらいからです。それ以前は旧校舎の時代で，まだ小中一体型の校舎ではありませんでした。一部の先生方を中心にやっていくという程度で，今からすると「連携」とも言い切れないものがあったのかなと思います。担当教員が月に一回程度は会合を持っていたようですが，幼小中全教員が集まるのは年に一・二回程度でそれも話をする程度でした。

彦坂：連携研究をやり始めたときに最初に感じたのは，小学校はクラス担任制で中学校は教科担任制であることの違いです。小学校は複数の教科を一人の担任が授業をするので，時間割を作るのに調整が比較的簡単なのですが，中学校は一人で多くのクラスの授業を受け持つので，時間割を調整することが難しい。その感覚が小学校としては分からなかった。ですからなぜ中学校は一緒に授業をやろうとしても調整をしてくれないのか，という不満が出て来たのだと思います。

勝岡：「文化が違う」ということが受け入れられない。「どうして自分たちの文化に合わせてくれないのか」という意識がまず最初に起きてしまっていたように思います。お互いに「うちにはそういう文化は無い」という発言をよく聞きました。一貫教育に対する抵抗感が強かった理由の一つは，双方ともに自分たちの文化を別ものに変えられてしまい，相手に同化されてしまうことに対する危機感だったと思います。

彦坂：その頃は校種間での違いについて疑心暗鬼的で，肯定感を持つことが難しい状況があったと思います。幼小中でつながっていることの意義を意識したり，子どもたちが良くなっているという見方を持ててはいなかった。「連携」を受け身な感じで，上からやらされているという形で受け止めている教員も多かったと思います。

勝岡：それは中学校も同じでした。ただし中学校の場合，今思い返しても，多くの子どもたちは思いやりがあり，明るくのびのびとしていました。今思えば「連携」が子どもたちにいい影響を与えていたのだと思います。ただやはり教員間ではそのときはまだそのようには思っていなかったと思います。

小学校の卒業式・中学校の入学式の様子

小中歩み寄りのための視点　～思っていることを率直に言い合うことが大切～

勝岡：その頃は子どもたちを通して，あるいは保護者の意見から相手の学校を見ているという感覚が強かったと思います。下の校種からあがってきた子どもが問題を抱えていると，「下の校種がどんな指導をして来たのか」という感じ。逆に下の校種の先生方も「あんなに良かった子が上の校種に行ったら問題を抱えるようになった。どんな指導をしているのか。」という感覚が強かったと思います。けれどもそれは小学校も中学校もお互いに相手のせいにしてしまい，自分たちが十分な指導をしていないことへの言い訳になってしまいます。

そこで私が研究部の担当をしていたある年に，互いに違う校種の先生方に，いろいろな質問をし合うような企画を立てたこともありました。思っていることを率直に言い合うことが大切で，そうした機会を作る必要があると実感していたからです。

彦坂：ちょうど同じ頃，新たに出て来たのは，共に子どもの姿を見ながら語ろうということでした。校種が違っても互いの授業を見に行って，その子どもの事実から語ろうとしたのです。そこから小中の間で話ができるようになったと思います。

勝岡：そうですね。あのとき，みんな共通した視点から見ようという気持ちになりました。それ以前は双方ともにそれぞれ見方が違うということに気づかず，それぞれの物差しで見えるものについて，それぞれの価値基準で判断していました。だから批判ばかりになって終わってしまう。

彦坂：中学校では発問とその反応，板書とその受け答え，授業の全体像を見るのですが，小学校ではその子どもがどう反応しているかという一人一人のあり方を見ていく事がよくあります。小中では授業の見方についてもその立ち位置が違うということが，このことによって分かって来ました。

連携研究会の様子

勝岡：これは最初の公開研究会があった頃に聞いた話ですが，当時小中の免許を取得しようとしていた教育実習生に，中学校の教員が，小学校の授業参観と中学校の授業参観の様子の違いを尋ねたところ，実習生が教えてくれて，なるほどと思ったといった話があります。中学校では小学校の授業のやり方がまだ分からないでいたのです。小学校と中学校の立ち位置の違いに気づくことが，連携に近づくためには大切なのだと思います。

小中間のわだかまり　〜互いに納得していかないと，研究は根付かない〜

勝岡：幼小中で互いに肯定感が持ちにくく，共有するものもなかった頃は，中学校内でも教員間でいろいろな意見が対立しました。研究部の担当教員は連携研究会で協議してきたことを中学校の職員会議で報告すると，「どうしてそんなことを了承したのか。」というふうに攻撃されてしまい，中学校の内部でも苦しい思いをすることが多々ありました。だから研究部を担当するのを避けたいという気持ちを持つ者も多かったと思います。「トップダウンならば」という考え方もあるかもしれませんが，教員一人一人が納得して進めないと研究は根付いていかないと思います。

彦坂：そういえばアンケートの答え方も小学校と中学校では違っていました。小学校では記名して答えました。答えた内容には責任を持つというスタンスです。

勝岡：中学校は無記名としていました。その方が率直な意見が出しやすいという考え方です。このように小学校と中学校では違いがありました。

彦坂：公開研究会についても小学校は以前から毎年行っていましたが，中学校はそうした体制ではありませんでしたね。

勝岡：十年に一度くらいしかやっていなかったようです。中学校で毎年やろうと決めるまでには大変でした。

彦坂：何かやろうとすると，かかる費用についても折半にしなければ，とかいろいろと揉めることがありました。

勝岡：私が関わった頃の連携委員会も当初は沈黙が続いて，決して良い雰囲気とはいえなかったと思います。

「連携」を作り上げる上での工夫と成果　〜各校種の教育目標からキーワードを抽出〜

勝岡：試行錯誤を経て到達したのは，校種を超えて共通の観点を持つことでした。そして具体的に次の3つの観点を整理しました。

> ①幼小中連携のキーワードをどうするか。
> ②授業を見合い，各校種の理解を行う。
> ③子どもたちの見取りの表を作る（ステージステップの作成）。

　これを幼小中の全教員で行うようになってから変化していったと思います。
　①の「キーワード」は，各校種の教育目標・学校目標から読み取ることとしました。
　幼小中の共通のものを見出そうとする中で出て来たのが「主体性」でした。そこで「主体性を育む幼小中の連携の教育研究」を主題として進めていくこととなりました。

〈幼稚園・小学校の教育目標〉
・自ら学び　ともに手を取り合い　生活を切り拓く子の育成

〈中学校の教育目標〉
・自ら求め，考え，表現し，実践できる生徒を育てる
・他人の立場や意思を尊重できる，視野の広い生徒を育てる
・心身ともに明るくたくましい生徒を育てる

②はまず互いの授業を見合うことで校種理解をしようとしました。その次に違う校種との交流授業を実践しました。実践的に交流授業を行うことで，他校種を理解できたのは，連携教育研究には大きな意味がありました。現在も幼稚園と小学校との「キッズフェスティバル」，小学校と中学校との「異学年交流体育」，幼稚園と中学校の「保育活動」など，カリキュラムに位置付いて続いている交流授業もあります。

キッズフェスティバル

小中合同部活

③はステージステップの完成です。

以上共通する「キーワード」（主題）を見出して設定し，お互いの校種を理解して子どもを見合う。それらの活動を経て，10年前に行ったのが，次の4つになります。

①ステージステップの完成（4ステージ8ステップ）
（P 19参照）。
②研究組織の構築。
③話し合いのルールの構築（P 18-19参照）。
④主体性の定義と竹早地区が求める育てたい子ども像の設定。

「一貫」から「連携」への移行の実情～小から中の間には必要な段差がある～

彦坂：そもそも「一貫」は，例えば小中一貫の場合，教育組織として一つのまとまりとなっています。管理職も基本的には小中合わせて数名が配置されます。カリキュラムや学校の文化としても9年間一貫のものとして形作られるのだと思います。しかし「連携」の場合はそれぞれの校種は独立していて，それぞれの学校の文化と歴史は保持しながら，互いに理解協力して教育・研究を進めて行くものです。竹早地区はカリキュラムも「連携カリキュラム」として作成しました。

勝岡：当初はいろいろな視点から研究の方向性を模索していたようですが，その中で出て来たものの一つに「段差」の問題がありました。竹早地区は，次の校種に入学する段階を連絡進学として，全入制度を取って来ました。附属竹早幼稚園を卒園すると，基本的に附属竹早小学校には全員入学します。また，中学校に進学するときにも，同じように附属竹早小学校の児童は全員附属竹早中学校に入学します。つまり，幼稚園から中学校までの11年間をこの竹早地区で，連絡進学していくのです。そして校種が変わるごとに，外部進学の子どもたちと一緒に新しい仲間で学校生活を新たに作ることになります。そうした環境の変化の中で，例えば，小学校でいろいろな悩みを抱えた子どもが中学校に進学した後，環境が変わったことにより，また当人の意識も変化して行く中で，自信を持ち，大きく進展して行く場合があります。

彦坂：小学校の教員の側からすると，小学生のときはあれほど生き生きしていたのに，中学校に行ったら悩みを抱えてしまったと感じられることもありました。

勝岡：中学校側からすると子どもたちにとっては，同じ敷地内にある学校なのですが，小学生から中学生になった，先生も変わった，新しい仲間と新たな学校生活を作っていくということで，自分自身の変革を行おうとする姿勢が見てとれます。つまり，小学校と中学校との間に区切りとステップアップを求められる「必

11年間の成長の軌跡の様子

要な段差」があることで，子どもたちは成長するのではないか。そう考えさせられる事例が，多く見られたということがありました。

彦坂：もちろん，小1プロブレムや中1ギャップを引き起こすような「段差」もあります。このような「不必要な段差」については，連携研究を通してなだらかにしていく視点も見えて来ました。そもそも以前から幼小で行ってきたのは「なだらかな」つながりでした。中学校とも連携を始めようとしたときに考えていたのは，やはり「なだらかな」つながりでした。具体的な研究として平成6年7年と小学生を対象に中学校への様々な段差を和らげる交流活動（異学年交流体育），授業参観〈英語・社会〉，文化研究発表会の参観，卒業研究指導〈理科〉）が小学校・中学校で取り組まれました。この交流活動に対するアンケート調査を実施して，交流活動の有効性が確かめら

れました(『小中学校の教育の連携に関する研究』竹早中学校研究紀要34号，平成8年3月)。

　これから，小中との連携を考えていく中で，必要な「段差」を残すことの意義に気づくことができたと思います。けれども当初はそれまでにやってきた「なだらかな」つながりと相反する考え方として，なかなか受け入れられない状況がありました。

彦坂：縦割りの学年交流をすると，幼小連携の経験から，上の学年が成長するということがあります。そのため，小学校の立場からすると，「連携すると中学生の方こそ成長するのではないか。」という受け止め方がありました。

勝岡：中学校の方では小学校と連携を行うと，中学校が世話をすることになって，「小学校の方が得をするじゃないか。」という受け止め方もあったと思います。実際教科では中学生にどんなメリットがあるのかということが強く言われます。とくに合同授業にかけている手間が教科の力を大きく伸ばしているとは今でも言えません。意欲の面では顕著にメリットがありますが。けれども実際に連携をしてみると，中学生と幼稚園児との合同授業で，中学生が非常に成長する場面が例えば家庭科の場合特に顕著に見られました。

幼小中合同授業等の交流の様子

彦坂：異学年交流では上の学年が非常に伸びるのですね。けれどもこれは継続してやっていかないと見えてこないことです。1，2年ではなく，もっと長いスパンの中で初めて見えてくることです。

勝岡：そうですね。成果が現れないと新しいことをやるのはおっくうに思ってし

家庭科の合同授業の様子

まいますから注意が必要ですね。実際，小学生にとっても中学生にとっても連携が成長をうながすことが分かってくるのです。

彦坂：それから子どもを見るときにステージを作りながら進めたことで，11年間の全体を見ることができるようになったのも重要なことです。

勝岡：さらにデータベースを作ることで，子どもの成長の状況が実感できるようになりました。データはテストやアンケートを行って作っていきました。それが後の学校評価の基礎にもつながりました。

連携教育研究を行っていく上で大事なこと〜話し合いのルールをつくる〜

彦坂：子どもにとって大切なことと，教師にとって大切なことを併せて研究することをまず大前提とすることです。

勝岡：同感です。そうすると全校種が求めるものが共通となります。その上で次の4つが重要だと思います。

> ①皆が取り組める共通のキーワードを作成したこと。
> ②求める子ども像，育てたい子ども像を皆で共通理解できていること。
> ③ステージステップ表を完成させ，教師が全校種を見ることができるようにしたこと（幼稚園から中学校3年生までの，入口から出口までを意識できる）。
> ④話し合いのルールを決めたこと。

特に④の話し合いのルールを決めることは重要です。校種それぞれが，自分たちの考えや文化・歴史を一方的に否定されることはないという状況を作ることが大切です。そうすると安心して連携に取り組めるようになります。その結果として幼小中教員の行き来が当たり前のようにできるようになりました。

彦坂：以前は中学校の教員が小学校に来ることなどほとんどありませんでした。それは小学校も幼稚園の教員の場合も同じでした。それが今は当たり前のように行き来ができています。

勝岡：遡れば，そもそも小中一体型の新校舎ができたときのルール決めが難しかったのです。自分たちの専用部分と共用部分の棲み分けをどのようにするのかで，いろいろと議論がありました。そこで，ルール作りを行うことにしました。例えば職員室を当初は小中一緒の部屋にしようという考えもありましたが，それをやめて一枚の壁を作り，それぞれの文化を大切にすることとしました。

その一方で小学校の給食を，中学校の教員の希望者については，ランチルームで小学校の子どもたちと一緒に食べられるように中学校からお願いしたところ，快く認めていただけました。その目的は中学校の教員が，小学校の子どもを直に肌で感じられるような機会を設けたいと思ったからです。給食作りでは人数が増えるので手間がかかるはずですが，今も続いています。本当にありがたいことです。

始めたときは中学校教員の希望者は2人でした。現在は22人になっています。毎回ではありませんが，校長・副校長，専任教員，非常勤講師，スクールカウンセラー，事務，用務それぞれの教職員が小学校の子どもたちと触れ合いながら給食を食べています。このことからも子どもたちの様子が

給食の様子

自然に分かるようになってきました。

　幼小中の場合，上の校種が優位という感覚が残念ながらどこかに残りがちです。そうした思いは連携教育では不要ですし，妨げになります。同等の思いでつながること，繰り返しになりますが，だから話し合いのルールを定めたことが効果的だと感じています。普段から行き来が当たり前となるような雰囲気作りや，適宜懇親会を行うように努力することも大切です。教員間のより良いコミュニケーションを作る意識と工夫と努力が，連携を支えていると思っています。

国内外からの視察を受けて～世界的にも一貫・連携の様々なあり方がある～

彦坂：毎年国内，海外からも視察に来ていただき，大変光栄に思っています。平成27年は中国の教育視察団，平成29年はマレーシアとロシアの教育視察団の方々が来られました。

勝岡：ロシアの使節団は校長先生が50人も見えて熱心に質問をされて驚きました。興味深かったのは，ロシアは11年間の一貫教育を長年実施して来たのですが，やはりどこかに区切りが必要であるということを感じられていて，竹早地区の段差を踏まえた連携ということに，興味を持っていただいたようでした。一方中国ではまだ一貫はこれからとのことで，むしろ結びつきの方に関心があったように思いました。世界的にも一貫・連携のあり方にはさまざまな方向からの見方があるように思います。

　竹早地区ではそういう意味でも様々な方々から注目される連携教育研究を創り出してきたのだと感じることができました。
また今後はこれまでの成果を踏まえ，これらを土台とした新たな方向性も開拓していけるのではないかと考えています。

最後に

彦坂：竹早地区の連携教育の特色は，幼稚園から中学校まで一貫したカリキュラムを，実践研究を通してよりよいものへ加筆修正していく，終わりのない営みを続けていく姿勢を取っていることです。また大きな柱としての個の興味・関心を探求する活動や，主体性を大切にすることは，校種が変わっても連携していくことで，子どもが安心できているのだと思います。

勝岡：教員が幼小中でつながっている。連携カリキュラムの配慮事項を踏まえて

子どもたちの日常の様子

の授業実践，発達段階にあった手立てを取れることが大きな成果につながっていると思います。また教員同士が毎月連携研究会で話し合いを行っていることが大きいと思います。

　やはり無理はしませんがそれなりの時間を費やして話し合うことが重要です。そこでは子どもの話が出て，自然に子どもと教員をつなぐことにもなっていきます。

連携研究会の様子

彦坂：それにしても研究会でいろいろと話し合った末，勝岡先生と二人で飲みに行って，閉店まで3時間近く議論したこともありましたね。

勝岡：そうですね。真剣に熱く語って，喧嘩の一歩手前ぐらいにやり合ったこともありました。

彦坂：これまでの成果を土台に，さらに連携教育の充実を図っていきたいと思います。

(終)

〔資料〕
東京学芸大学附属竹早地区幼小中連携教育研究運営事項
1. 連携委員会について
(1) 連携委員会の仕事
　①竹早地区幼小中連携教育研究を計画・運営・推進する。
　②研究主題を明確にし，連携教育の研究を推進する。
　③発達研究と実践研究をつなぎ，研究の全体構想をまとめる。

(2) 連携委員会開催について
　①連携委員会は必要に応じて幼児・児童・生徒の降園・下校後に開かれる。
　②幼小，中管理職は必要なときに連携委員会に同席する。
　③全体会に提案される内容については，代表者打ち合わせや連携委員会，各学校の会議で質問・意見を聞き，全体会前に調整して全体会で提案する。【(5) 提案手順参照】

(3) 連携委員会と分科会
　発達研究部会（理論研究分科会と調査事例研究分科会）の研究は，基本的に，連携委員が推進する。ただし，夏休みの連携研究会の機会を利用して，発達研究について竹早地区全教員で議論し，研究内容の共有と深化を図る。

(4) 連携委員会運営について
　①司会・記録

司会と記録は持ち回りで行う。ただし，司会は幼小中の代表者が持ち回りで行い，記録は小中で交互に行う（下記参照）。

司会(記録)：中（中）→小（小）→中（中）→幼（小）→中（中）→小（小）→…

②連携委員会の場での決定方法

提案に対する賛否の意見があり，採決の要求がある場合は多数決で決める。但し，決定事項は管理職の了解を得る。

（5）提案の手順

連携代表打ち合わせ→各校連携委員会→連携委員会→各校職員会議→連携委員会→連携研究会全体会

○各校連携委員会及び職員会議では同じ資料を用いる。ただし，各校の立場として付加したい資料等がある場合は別途添付する。その添付資料は各校で確認し合う。

4ステージ8ステップ

竹早地区の幼児，児童，生徒の姿を教師自らが見つめ直し，試行錯誤を重ねて「主体性が育まれた姿から見る子どもたちの変容のステージとステップ」が完成した。幼稚園から中学校までの11年間を3.5—2.0—3.5—2.0と4つのステージに区切り，さらに各ステージを第1（ステップ1〜3），第2（ステップ4），第3（ステップ5，6），第4（ステップ7，8）と区分している。

成長の4ステージと8ステップ										
校種	幼稚園		小学校						中学校		
学年	4歳　　5歳	1年	2年	3年	4年	5年	6年	1年	2年	3年
ステージ	第1ステージ 4歳〜小2前期 やりたいことを思う 存分やろうとする		第2ステージ 小2後期〜小4前期 集団と自分との 関わりにひたる		第3ステージ 小4後期〜中1 集団との関わりの中で 自分とは何かを意識する				第4ステージ 中2〜中3 集団の中で 自分らしさを 追究する		
ステップ	ステップ 1 4歳〜 5歳前期	ステップ 3 小1後期〜 小2前期			ステップ 5 小4後期〜 小6前期				ステップ 7 中2		
		ステップ 2 5歳後期〜 小1前期	ステップ 4 小2後期〜 小4前期			ステップ 6 小6後期〜 中1				ステップ 8 中3	

竹早地区連携教育研究の運営と方法

0. はじめに　連携教育研究をどのように運営していけばよいか?

　連携教育研究の運営で, お困りのことはありませんか。

　小学校と中学校で考えや価値観があわない。研究会のスケジュール調整が難しい。そもそも「連携」といったときに何をすればいいのか分からない。

　こうした声を, 連携教育研究に携わる多くの先生方から聞いてきました。おかげさまで, 竹早地区では, 連携教育研究を30年以上続けてくることができました。もちろん, この間, 試行錯誤の連続で, 校種間でぶつかることもありましたが, その都度, 竹早地区全教員で考え, 乗り越えてきました。

　本節では, 竹早地区の連携教育研究の運営の実際を中心に紹介しつつも, 特に, 現在に至るまでのこうした試行錯誤した経験や, それを通してつくられた「連携」に対する考えを紹介することに注力しています。それは, できあがった運営方法を示す以上に, それを創り上げるまでのプロセスを示した方が, 連携教育研究にお困りの先生方にとって参考になるだろうと考えたからです。本節が, 連携教育研究の運営に関する新しい視点を提供し, 先生方の一助となれば幸いです。

1. 竹早地区における連携教育研究に対する考え

　ここではまず, 運営の仕方や研究方法を考えていく上での拠りどころ, 基本としている「連携」に対する考えや姿勢を紹介していきます。

(1) 竹早地区が考える「連携」の意味

　「小1プロブレム」や「中1ギャップ」の問題を背景として連携教育の必要性が叫ばれて久しいですが, そもそも教育や研究を「連携」するとはどういうことでしょうか。竹早地区では, 「連携」の意味を次のように捉えています。

> 幼小中11年間の学びの連続の実現をめざした
> 　　　竹早地区幼小中全教員による教育・研究活動

　辞書をみると, 連携の言葉の意味は, 「互いに連絡をとり, 協力し合って物事を行う」とあります。この「協力し合って行う物事」の中身を「教育」と「研究」として捉え, 「協力し合って「教育」を行う」という「連携教育」と「協力し合って「研究」を行う」という「連携研究」の2つの意味で「連携」を考えています。

　また, 「連携」というと, 「小1プロブレム」「中1ギャップ」という言葉が象徴するように異校種間の接続が注目されますが, 竹早地区では, それだけではなく, 校種内の学年間の接続も含めて「連携」を捉えています。これは, 広く, 幼小中11年間の学びの連続性を保障することこそが連携教育研究の真の課題と考えるからです。

（2）異校種間での違いを認め，大切にする

　よく『「一貫」と「連携」の違いは何ですか』と聞かれます。

　対談でも話題になりましたが，竹早地区ではこの質問に対して次のように答えています。「連携」教育は「異なる学校」によって協同的に行われる教育活動，「一貫」教育は「同一の学校」において設置される異なる校種を通して行われる教育活動です。端的に言えば，「異なる学校」と「同一の学校」の違いです。

　これまでの連携教育研究をみると，この「異なる学校」という点が良くないことかのように捉えられてきたように思います。校種間の円滑な接続をめざすのだから，校種間の違いは埋めよう，同じ価値観にそろえようという考え方です。

　しかし，このような考え方で研究を進めると，無理に他校種の文化にあわせたり，異なる価値観を強いられたりして，逆に校種間の溝を深めてしまうことになりかねません。竹早地区でも，対談で示したように研究の当初はそうでした。

　しかし，改めて考えてみると，学校が違い，しかも校種も違うとなれば，各学校がもつ文化や教育観に違いがあるのは当然です。根本の教育理念こそ変わらないかもしれませんが，対象の子どもの発達段階が違うのですから，教育活動や子どもとの関わり方が違うのは当然のことです。

　竹早地区では，こうした「違い」をむしろ積極的に認めています。各校種の文化や教育観の違いは当然のこととして認め合い，各校種の教育活動を理解し，尊重します。研究運営においては，互いの教育活動に不都合が生じないように進めることを前提にしています。

　互いの教育活動に「介入」しないこと。それが安心感を生み，互いの信頼関係につながっているように思います。

（3）他校種の文化や教育観の理解と尊重，共有を図る

　では，具体的にどうやって他校種の理解を図っていったのか。

　結局のところ，我々は教員であり実践者なので，保育・活動・授業を交流し，理解することから始めました。毎月行う幼小中全教員参加による連携研究会や，公開研究会を含めた年に3回実施される授業研究会において，各校種の保育・活動・授業を見合い，議論し，また指導案を検討することを通して，互いの子ども観，授業観，教育観を伝え，理解してきました。こうした取り組みの積み重ねにより，今では，小学校の教員からは「小学校の内容が中学校でどのように発展し，どのような授業が行われているのかを知ることができて，見通しをもって自分の授業をつくれるようになった」，中学校の教員からは「小学校との学びのつながりを意識して授業をつくるようになった」といった他校種を理解するだけでなく，それが自分の授業を見直すきっかけにもなったという声が聞けるようになりました。

　「他校種を理解し尊重する」

　このことが，連携教育研究において最も重要なことだと確信するところです。

2. 竹早地区の連携教育研究の運営の実際

以上の考えを基本に，竹早地区の連携教育研究は運営されています。では，具体的にどのように連携教育研究を進めているのでしょうか。ここでは，まず（1）で研究組織を示し，竹早地区連携教育研究の全体像を概略的に確認します。続く（2）では，連携教育研究の運営に関する種々の提案がどのような考え方やルールに基づいてつくられ，実施されているのかを紹介していきます。

(1) 研究組織

竹早地区では，幼小中連携教育研究を次のような組織で進めています（図1）。

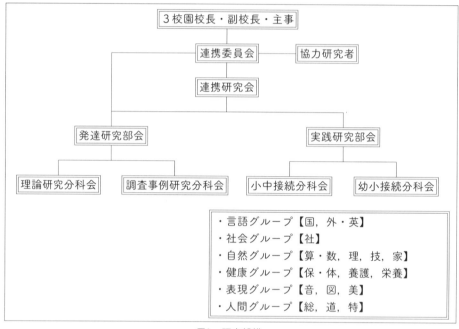

図1　研究組織

各校種の管理職を筆頭に，研究運営をリードする「連携委員会」，大学などの先生方による「協力研究者」，連携委員会の提案を審議したり，研究内容を議論したりする「連携研究会」です。このうち，竹早地区の教員が構成メンバーとなり，研究活動の中心となるのは，「連携委員会」と「連携研究会」になります。

「連携委員会」は，幼稚園1名，小学校6名，中学校6名の各校種の研究推進委員で構成され，連携教育研究の内容や運営に関する種々の提案を幼小中それぞれの研究主任を中心につくります。

「連携研究会」は，実践をもとに研究を推進する「実践研究部会」と実践研究の成果から理論をつくる「発達研究部会」の2部会で構成されます。

実践研究部会は，国語や算数・数学といった教科領域ごとの分科会と，幼稚園と小学校の接続に特化した幼小接続分科会に分けられます。幼小接続分科会には幼稚園教員と小学校1，2年の教員が所属し，教科領域の分科会には小学校3年以上と中学校の教員が自分の専門教科に所属します。月に一度行われる連携研究会の中で実践研究

部会の時間が設定され，研究主題について各教科領域で話し合ったり，公開研究会の指導案や紀要原稿を検討したりします（図2）。

発達研究部会は，連携委員が担当しています。以前は，幼小中全教員で発達研究部会を進めていたこともありましたが，実践と発達の両方を兼ねることは負担が大きいという理由から，連携委員が担う形になりました。発達研究部会は，連携委員会の中で時間を設定し，活動しています（図3）。

以上のような組織で研究を進めていますが，最初からこのような形だったわけではありません。その年度の研究課題や目標等に応じて柔軟に変えてきました。また，各学校の事情や教員の負担という観点から組織を見直すこともありました。例えば，幼稚園は，小学校，中学校よりも教員の数が圧倒的に少ないため，連携研究の仕事も単純に幼小中で3等分というわけに

```
16：10 ～ 16：40
  実践研究部会1
  （幼小・人間・外国語・家庭）

16：40 ～　全体会

全体会終了後～
  実践研究部会2
  （上記以外の教科領域）
```

図2　連携研究会のスケジュール

```
18：00 ～
  連携委員会全体会
  連携研究の提案づくり

全体会終了後～
  発達研究部会
  （理論分科会・調査事例分科会）
```

図3　連携委員会のスケジュール

はいきません。また，ある校種がある時期に行事が立て込むことがあれば，その時期の連携研究に関する仕事は，その校種以外の教員が担当します。要は，各校種の教育活動に支障が出ないように，また各教員の負担を最小限にするように配慮しながら，研究推進に適した研究組織を考えるのです。ここでもやはり互いの校種を理解し，尊重するという考え方が基本にあります。

（2）連携教育研究の計画づくり　「ボトムアップによる研究運営」

① 連携研究に関する提案は誰がつくる？

では，こうした組織の中で，どのように連携研究の方向性や内容を決めていくのでしょうか。一般に，学校研究の提案は，教務主任や研究主任の先生，ときには副校長先生が担当することが多いようですが，誰が担当するにしろ大変な仕事であることには変わりありません。まして，他校種との調整が必要な連携教育研究では，何かと気を遣うことも多くなります。

竹早地区では，先述したように，その役割を「連携委員会」が担います。連携教育研究の内容や進め方，研究会の日程調整，公開研究会の運営・案内など，連携教育研究に関するあらゆる提案を，連携委員会で議論してつくります。

連携委員会は，連携委員13名が集まれる日を話し合って決め，月に一度のペースで行われます。委員会は，3校種の教員が集まるため，3校種すべての子どもが下校した後にしか始められません。そのため，中学校の部活が終わった後の18時頃から始めることが多く，委員会の時間は2時間程度が多いです。3校種で調整しながら提案をつくるため，どうしても委員会の時間が長くなりがちですが，委員の先生方の負

担を抑えるために，議論する内容を精選したり，委員会をなるべく早く始められる日をみつけたりして時間短縮や夜遅くならないように努めています。

② 提案の審議の仕方は？

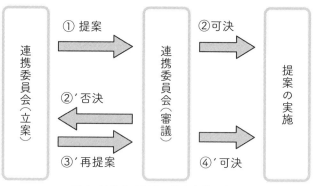

図4　連携教育研究の提案審議の流れ

連携委員会でつくられた提案は，幼小中全教員が集まる「連携研究会」で審議されます。そこで，幼小中すべての校種の同意が得られれば可決（図4 ①→②），1校種でも反対が出れば，たとえそれ以外の2校種が賛成でも否決となり，反対した校種の意見を踏まえて再提案となります（図4 ②'→③'→④'）。

多数決の原理でいえば，2対1で可決になるのですが，そのような手続きはとりません。それは，1校種でも反対している中で，その案を進めても，必ず反対した校種に無理が生じ，連携にひずみが起こるからです。

「全ての校種が納得して進める」

それが連携教育研究の運営の大前提です。各校種が自分達の都合を主張しながらも，互いの立場に立って考え，譲るところは譲るという姿勢が基本になります。

とはいえ，月に一度しかない連携研究会で提案が否決されると，その案に関する連携研究の仕事が1ヶ月滞ることになります。それを避けるために，例えば公開研究会の日程やその年度の研究テーマなど，大きな提案や反対が出る可能性がある提案については，事前に各校種の職員会議で案を審議し，各校種で認められた上で，連携研究会に出すという手順を踏むこともあります。また立案段階で，事前に各校種の管理職や教務主任に感触を確かめておくこともあります。

連携委員会と連携研究会の関係も含めて，竹早地区連携教育研究の運営規則の詳細はP18-19にありますので，そこでご確認ください。

③ 「ボトムアップ」で運営しよう

以上のような，互いの校種を尊重し，納得するまで話し合って研究を進めるという運営の仕方は，いわゆる「トップダウン」ではなく，「ボトムアップ」を原則としています。一部の教員が決めたことに基づいて研究を進めるのではなく，全教員で考え，研究をつくっていこうという考え方です。話し合いを大切にすると，当然，一つ一つの決め事の時間はかかります。しかし，話し合って決めた以上は，決めたことへの責任は全教員にあります。そして，その責任感が各教員の原動力となり，「やらされる」研究を，「進んで取り組む」研究へと変えていきます。結果，教員にとっても子どもにとっても実り多い研究になっていくのです。

④ 研究計画を立てるときの視点

（ⅰ）研究は誰のため？「無理のない目標設定」

　研究計画を立てるとき，まず考えることは「何を目標とし，何をするか」です。連携教育研究という形は決まっているが，その中で何を目標に，何をするかを考えなければなりません。3年計画の研究ならば，1年次，2年次，3年次それぞれで何をするかの見通しも必要です。

　こうしたときに，大事なことは，「無理のない目標設定」です。「一年で一つのことができればいい」くらいで考えています。

　日々の忙しい校務の中で，研究のためにいろいろ勉強したり調べたりする余裕はありません。研究が忙しくなって，日々の授業や生活指導がおろそかになっては本末転倒です。校務をこなしながらも，プラスアルファで少し頑張ればできる範囲のことを目標に設定します。

　また，学校研究は，「子どものため」「学校のため」ですが，同時に「教員のため」であることも忘れてはいけません。校務と研究を両立させようとして，教員が疲労困憊になり，身体を壊したら，それこそ意味がありません。

「無理なくよい研究をつくる」

　連携教育研究に限らず，学校研究において重要な考え方のように思います。

（ⅱ）「無理なくよい研究をつくる」ためには

　では，実際にどのように考えればそうした研究をつくることができるのでしょうか。竹早地区では，これまでに自分たちがやってきたこと，あるいは今やっていることを生かすという視点から研究内容を考えます。例えば「主体性を育む授業づくり」という研究主題ならば，主体性に関する難しい理論をもってきて，それをもとに授業をつくるのではなく，まずはこれまで自分たちがやってきた授業を振り返り，どういうときに子どもの主体性が発揮されたかについて話し合います。そして，そこに主体性を育む授業づくりの視点を探すのです。

　研究主題に関する理論を勉強し，それに合わせて実践をつくるという研究ではなく，研究に取り組む先生方の授業の中から研究主題に関わる視点を探し，その視点から授業に工夫を加えていこうという研究です。研究のベースを，既存の理論ではなく，先生方の豊かな経験知に求めるのです。理論を勉強し，まったく新しい視点から授業をつくるより，自分たちがやってきたことの中から研究の視点をみつけ，工夫することで，教員一人一人の負担感が少ない研究ができるのではないでしょうか。

3. 竹早地区の連携教育研究の方法

　これまでは，竹早地区の連携教育研究の研究体制や運営の実際，それらを支える考え方を示してきました。これらは，本地区の連携教育研究のいわばハード面に当たりますが，ここからはソフト面，すなわち連携教育研究の内容，特に方法に関する考え方について紹介していきます。

（1）どのような方法で学校研究を進めるか　「実践から理論を創る」

　先にも触れましたが，竹早地区では，既存の理論をもとに研究を進めるのではなく，先生方の経験知や実践から理論を創るという方法をとっています。もちろん，研究を進めていく中で，先行研究やいくつかの理論を参考にすることはあります。しかし，あくまで研究の出発点は，教員の経験知であり，日々の実践の中にある子どもの姿です。

　「実践から理論を創る」

　これが竹早地区の研究方法の基本姿勢です。では，なぜこうした方法をとるのか。それは，我々が研究者ではなく，実践者だからです。実践者である我々の強みは，常に子どもと接し，子どもの姿から実践をつくり，語ることができる点にあります。理論は知らなくても，子どもについては知っている。そうした自分たちの強みを生かした方がよい研究ができるだろうし，やりたいこともできるだろうと考えたからです。

　一方で，既存の理論から学校研究をつくることも重要なアプローチであることは確かです。しかしその場合，次の3点を十分に検討する必要があると考えます。

　ア）その理論が教員全員が理解し共有できるものか

　イ）その理論を勉強するための時間や労力は先生方の負担にならないか

　ウ）特性が異なる全ての教科が無理なく実践をつくることができる汎用的な理論か

　個人研究と決定的に異なる学校研究の特徴は，研究テーマに対する実践をその学校の教員全員で行うという点にあります。個人研究ならばテーマ設定から研究計画，実践までをその個人で行うことができますが，学校研究ではテーマ設定と研究計画を一個人で担当したとしても，その実践は複数の教員で行うことがほとんどです。

　そのため，理論をもとに研究を進める場合，教員全員がその理論を理解しておかなくてはなりません。関連する文献を読んだり，外部から講師を呼んで講義を受けたりする必要が出てきます。これは，先生方や学校にとって少なからず負担を伴うものでしょう。

　また，ある理論を研究の基本に置くということは，その理論に基づいて実践をつくるということです。そこで問題となるのは，その理論が，特性が異なる全ての教科で無理なく実践をつくることができる汎用性の高いものかということです。1つの教科に関する学校研究ならば問題にならないかもしれませんが，全教科に関する学校研究では，このことを十分に検討しておく必要があります。しかも，連携教育研究では，校種間の違いも考慮しなくてはなりません。理論にあわせるがあまり，授業展開に無理が生じる教科や，授業スタイルを大きく変えなくてはいけない教科が出てきては，その教科にとって取り組みづらい研究になってしまいます。

　理論は，取り組む研究を価値付ける上で強力な武器になりますし，新しい視点を与えたり，自分たちの取り組みを整理したりしてくれます。しかし，必ずしも理論に精通しているわけではない教員が推進する学校研究では，上記の点を十分に考慮しなくては，逆に理論に振り回され，先生方を萎縮させてしまうことになりかねません。

竹早地区では，こうした問題を考える中で，子どもの姿から理論を創る，「実践から理論へ」という方法を選択してきました。**先生方の実践を事例として進めるという学校研究の特性を踏まえ，先生方の個性を生かすような研究方法を選択することも，よりよい学校研究をつくる上で重要なことと考えます。**

（2）理論，約束事を創るときの視点
　先に，理論を使うときの留意点ア）からウ）の３つを挙げました。これらは，同時に理論や約束事（定義）をつくるときの留意点にもなります。なぜなら，つくられた理論や約束事は，次の実践をつくる基礎になるからです。これに関して，平成 27 年度の研究の例を紹介します。
　この年の研究テーマは，「「教材」と「指導法」を視点に「連携」を考える」でした。これは，実践において「どういう意味で」あるいは「何を」連携しているかを，「教材」と「指導法」を視点に具体的に考えていこうという課題意識から設定されたものです。このテーマに対し，まず問題となったのは，「教材」と「指導法」の定義でした。結論を先に言うと，これらを次のように定義しました。

教材：保育・活動・授業において，主体的な学びを実現するための材料となるもの
指導法：保育・活動・授業において，主体的な学びを実現するための方法となるもの

　この定義をみて，どのような印象をもたれたでしょうか。一般的で，具体性に欠けるという印象はないでしょうか。実は，意図的に一般的な言葉で定義しています。では，なぜそうするのか。その理由を説明します。
　そもそも「教材」と「指導法」を視点として提案した理由は，この２つならばどの校種，教科領域でも実践をつくる基本的な視点であろうと考えたからです。言い換えれば，校種や教科領域を越えた一般的な視点と考えて「教材」と「指導法」を選んだのです。しかし，いざ提案してみると，様々な校種や教科領域から「教材という言葉は使わない」「指導法という言葉は使わない」「教材と教具の違いは何か」「教材と指導法を切り離して考えていない」といった意見をいただきました。一般的と考えて提案した「教材」と「指導法」は，必ずしもそうではなかったのです。校種や教科領域の特性の違いを再認識した瞬間でした。そして，その後の議論の結果，上記のような一般的な言葉による定義に落ち着きました。
　このように，理論や約束事（定義）をつくるとき，その内容が具体的になるほど，条件はきつくなります。すると，ある校種，ある教科にとっては使いやすいが，他の校種や教科にとっては使いにくいということが起こります。しかし，抽象的すぎても内容が曖昧になるため，実践をつくったり，説明したりする視点としての機能が薄れます。このさじ加減が難しいところです。
　結局のところ，何となく言いたいことが分かるという，上記のような「ふわっと」した言葉で定義しておいて，あとは各校種，教科領域でそれぞれの特性に合わせて具体化してもらうという形に落ち着くことが多いです。こうすることで，やりづらくな

る校種や教科領域をなくすことができ，先生方のやりたいこともできるという研究の自由度を保障することにもつながります。

研究である以上，全体を貫く視点は欠かせません。しかし同時に，先生方の実践をもとに進める学校研究では，先生方がやりたい実践をできるような環境を整えることも大切です。全体の制約が多くなれば，先生方の自由度が失われていきます。全体の制約を必要最低限に抑え，先生方の個性ある実践を引き出すような研究環境を整えたいところです。

（3）研究をどのように進めたのか　「幼小中連携カリキュラム開発過程モデル」

このような「実践から理論をつくる」という考えに基づいて，どのように研究を進めたのか。その全体像を紹介します。

学校研究は，一般に，学校や子どもの実態を把握し，その改善に向けた研究目標や課題を決め，実践をつくり，その有効性を検証するという流れが多いでしょう。これは，連携教育研究も同じです。ただ，連携教育研究となると，異校種で取り組むという特殊性を考慮した進め方を考える必要があります。

竹早地区では，図5のような流れで研究を推進しました。これは，竹早地区の一連の取り組みを振り返り，「連携カリキュラム開発過程モデル」として記述したものです。以下では，図5に即して，竹早地区の研究の流れを紹介していきます。

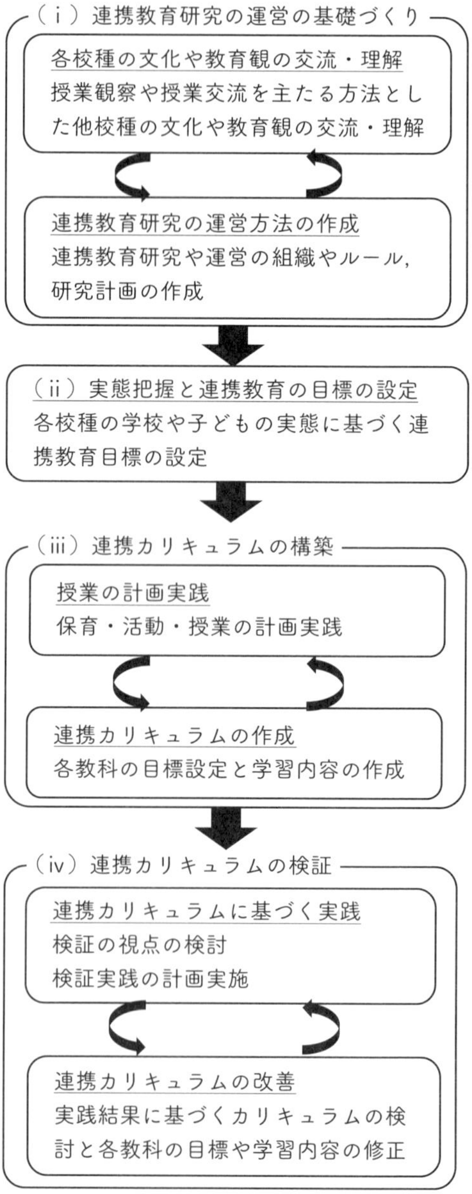

（i）連携教育研究の運営の基礎づくり

最初は，「連携教育研究の運営の基礎づくり」です。これは，これまで述べてきた他校種の文化や教育観を交流・理解したり，連携教育研究の運営のルールをつくったりといった連携教育研究の土台をつくる段階です。連携教育研究では，最も重要で，単体の学校研究にはない特有の段階と考えています。

「各校種の文化や教育観の交流・理解」は，先述したように，各校種の保育・活

（i）連携教育研究の運営の基礎づくり

各校種の文化や教育観の交流・理解
授業観察や授業交流を主たる方法とした他校種の文化や教育観の交流・理解

↓↑

連携教育研究の運営方法の作成
連携教育研究や運営の組織やルール，研究計画の作成

↓

（ii）実態把握と連携教育の目標の設定
各校種の学校や子どもの実態に基づく連携教育目標の設定

↓

（iii）連携カリキュラムの構築

授業の計画実践
保育・活動・授業の計画実践

↓↑

連携カリキュラムの作成
各教科の目標設定と学習内容の作成

↓

（iv）連携カリキュラムの検証

連携カリキュラムに基づく実践
検証の視点の検討
検証実践の計画実施

↓↑

連携カリキュラムの改善
実践結果に基づくカリキュラムの検討と各教科の目標や学習内容の修正

図5　連携カリキュラム開発過程モデル

動・授業を観察し合い，議論したり，指導案を検討したりすることを通して行います。

　これと並行するのが，「連携教育研究の運営方法の作成」，すなわち運営の組織やルールづくりです。連携教育研究の計画等の決め方や会議の進め方，研究組織を決めていきます。現在の竹早地区のルール，「幼小中連携教育研究運営事項」はP18-19に示してあります。初めからこのような形だったわけではなく，研究を進めていく中で生じた問題等を検討し，改善していく中でつくられていったものです。また，研究の進捗状況やその年度の研究課題に合わせて変えることもありました。

　この「連携教育研究の運営方法の作成」と「各校種の文化や教育観の交流・理解」を並行して進めることにより，他校種の理解が多面的に深まり，組織やルールもよりよいものがつくることができたというのが実感です。

（ii）実態把握と連携教育の目標の設定

　次に，「実態の把握と連携教育の目標の設定」です。目標は，連携する全ての校種が共有するものです。従って，各校種の子ども，教師，学校や地域，社会的要請といった実態を多面的に把握し，その上で各校種の特徴を踏まえた検討が必要です。

　竹早地区の連携教育の目標は「主体性の育成」です。これは，連携する幼稚園，小学校，中学校が共通に「主体性」を教育目標にしていたからです。また，「主体性の育成」は教育における本質的な課題の一つと考えたからです。

　なお，目標は，竹早では幼小中11年間を見据えたものですが，例えば，「異校種間の接続」に焦点を当てる研究ならば，円滑な接続の実現に関する目標になるでしょうし，ある特定の授業や単元の連携に焦点を当てるならば，その授業や単元のねらいが目標になるでしょう。研究の目的や学校の実態に応じて柔軟に「連携教育の目標」を考えたいところです。

（iii）連携カリキュラムの構築

　続いて，（ii）で設定した「連携教育の目標」に即して連携カリキュラムをつくります。竹早地区では幼小中11年間のカリキュラムですが，これも教育目標と同様，研究の目的や学校の実態に応じて，1時間の授業や1単元の実践でもよいでしょう。図5では，一般性を意識して「カリキュラム」という言葉を用いていますが，要は「連携の実践づくり」と捉えていただければよいかと思います。

（iv）連携カリキュラムの検証

　最後に，作成した連携カリキュラムや連携実践が設定した教育目標に対して適切だったかを，実践に基づいて検証します。そして，必要に応じてカリキュラムや実践の改善を行います。

　竹早地区では，連携カリキュラムを実践し，そこでの子どもの姿からカリキュラムを検証し，改善してきました。このとき，教育目標が「主体性の育成」ですから，検証の視点はもちろん「主体性」になります。ただ，そのときに問題になったのは，どのように「主体性」を見取るかでした。つまり，検証の方法が問題になりました。

「主体性を発揮した子どもの姿」とはどのような姿か，またどのような資料（授業記録や学習感想，子どもの作品など）から見取るかといった方法の検討は，（ⅳ）の重要な仕事の一つとなります。

　以上の4つの段階は，図5のように必ずしも直線的に進むわけではありません。実際には，（ⅱ）から（ⅳ）を通して（ⅰ）「各校種の文化や教育観の交流・理解」や「運営方法の作成」を行うなど，各段階を行き来したり，並行したりします。ただ，大きくみると，図5のような流れになっているということです。連携カリキュラムの開発過程の一事例として参考にしていただければ幸いです。

4. 竹早地区の連携教育研究の成果

　「連携カリキュラム開発過程モデル」は，それまでの連携教育研究の流れをふり返り，記述したもので，研究方法に関わる一つの成果といえます。ここでは，他の研究成果についても紹介していきます。

（1）ステージステップ　「連携する校種で共有できるものをつくる」

　先述したように，竹早地区連携教育研究の目標は「主体性の育成」です。この目標を受け，子どもの主体性にどのような変容が見られるのかを議論し，まとめたものが，「主体性が育まれた姿からみる子どもたちの変容のステージとステップ（以下，ステージステップ）」です（図6）。これは，幼小中の11年間に渡る子どもの主体性の成長を，4つのステージと8つのステップで捉えたものです。

成長の4ステージと8ステップ										
校種	幼稚園		小学校							中学校	
学年	4歳　　5歳	1年	2年	3年	4年	5年	6年	1年	2年	3年
ステージ	第1ステージ 4歳～小2前期　やりたいことを思う存分やろうとする		第2ステージ 小2後期～小4前期　集団と自分との関わりにひたる			第3ステージ 小4後期～中1　集団との関わりの中で自分とは何かを意識する				第4ステージ 中2～中3 集団の中で自分らしさを追究する	
ステップ	ステップ1 4歳～5歳前期	ステップ3 小1後期～小2前期			ステップ5 小4後期～小6前期				ステップ7 中2	
		ステップ2 5歳後期～小1前期		ステップ4 小2後期～小4前期			ステップ6 小6後期～中1			ステップ8 中3

図6　主体性の成長のステージステップ

このつくり方は，幼小中の教員が経験に基づいて，各学年の子どもについて主体性を発揮していると思われる姿を書き出し，その類似性からいくつかの学年をグループ化し，ステージステップを決めていくという手順です。

　このステージステップをつくった目的は，もちろん，主体性をよりよく育むためですが，一方で次のような目的もありました。それは，幼小中で子どもをみる「共通の」ものさしをつくることでした。これまでも述べてきたように，連携を始めた頃は，互いの教育観や文化の「違い」ばかりに目がいき，議論がかみ合わないことが続きました。そうした状況を打開するために，逆に，幼小中共通のものをつくろう，実践を議論する上で3校種が共有できる拠りどころをつくろうと考えたのです。

　「連携する校種で共有できるものをつくる」

　今改めて振り返ってみると，このことが，竹早地区の連携教育研究を軌道にのせるきっかけになったように思います。初めて会う人と共通の話題や趣味があると互いの距離を縮めやすいように，連携においても「共通のもの」の存在が大切なのです。

（2）幼小中連携カリキュラム　「幼小中11年間の学びの連続性の具体化」

　ステージステップを基礎に，幼小中11年間の学びの連続性を具体化したものが「幼小中連携カリキュラム」です。

　カリキュラムは教科領域ごとに作成していますが，次の2点は全教科領域の共通事項となっています。1つ目は，「主体性の育成」を目標とすることです。そのために，教科領域の特性を踏まえた主体性を発揮した子どもの姿として「めざす子ども像」を，各教科領域で設定しています。2つ目は，カリキュラム表の枠です。カリキュラムは二次元表で示され，その縦軸にはステージステップと内容の系統を，横軸には教科領域で育てたい力等の独自の視点を設定しています（表1）。

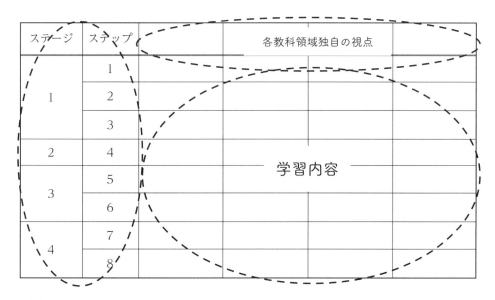

表1　竹早地区幼小中連携カリキュラムの枠

ステージ	ステップ	学習内容	〔学習目標〕 ・より大きな数やより小さな数を知り，表現しようとする。 ・数をまとまりでとらえ，事象を式に表そうとする。 ・加法，減法の計算のしかたを考えようとする。 ・乗法九九を構成し，乗法九九について成り立つ性質を考えようとする。				
			数の理解	式の表現	式の処理	式のよみ	用語・記号
第1ステージ	ステップ3	2位数どうしの加法	○位の数を単位として，数をとらえる。	○合併や増加，順序数を含む加法の事象を，加法の式で表す。	○同じ位どうしを計算する方法を考え，筆算形式を用いる。 ○加法に関して成り立つ交換法則に基づいて計算する。	○加法に関して成り立つ交換法則について考える。	ひっ算 たされる数 たす数

表2　算数・数学の連携カリキュラム例（小学校第2学年の一部を抜粋）

　例えば，算数・数学では，「数と式」領域（学習指導要領でいう小学校の「数と計算」，中学校の「数と式」をまとめた領域）のカリキュラムの横軸には，この領域で育みたい主な力として，「数の理解」「式の表現」「式の処理」「式のよみ」を設定しています。そして，これら4つの力を系統的に育むための内容を小学校1年生から中学校3年生まで整理して示しています（表2）。

　こうした枠にしたがって，幼小接続分科会では幼稚園から小学校低学年まで，その他の各教科領域では小学校から中学校まで一貫して内容を記述し，学びの連続性をどのように保障しようとしているのかを示しています。

　カリキュラムの作成は，学習指導要領を念頭におきながらも，実践に基づいてつくることを基本としています。竹早地区の子どもの実態に応じて実践をつくり，そこでの子どもの育ちを踏まえて，カリキュラムをつくっていくという方法です。この意味で，私たちは連携カリキュラムを「学びの履歴」「足跡カリキュラム」と捉えています。

　連携カリキュラムは，2012年度に一応の形になってからも，実践と検証改善を続け，今も深化発展を続けています。幼小中11年間の学びの連続性をいかにして具体化するか。実践と検証の繰り返しという地道な歩みですが，連携カリキュラムづくりを永続的な営みと捉え，この課題を追究していこうと考えています。

（3）データベースシステム　「子どもの変容を記述する」

① データベースシステムとは

　カリキュラムの検証改善をするのに，個々の実践ならば実践を行い，そこでの子どもの姿から課題の検討，改善ができるのですが，その一方で，カリキュラム全体，11年間の学びの結果として，連携カリキュラムが「主体性の育成」に有効だったかどうかという大きな視点で検証することも必要です。

　そのための試みとして，子どもの主体性がどのように変容しているかを記述するデータベースシステムの開発にも取り組んできました。これは，毎年，幼小中11学年，約1000人の主体性に関わるデータを蓄積し，子どもの主体性の変容をグラフ化

することができるというシステムです。

　この取り組みの中で，まず問題になったのは，**主体性の変容を見取るために，どのようなデータを収集するか**でした。11年間の変容を追うことが目的ですから，データは11年間を貫くある程度共通性のあるものでなくてはなりません。と同時に，データをとることに時間と労力が割かれ，本来の校務が疎かになるようでは本末転倒です。つまり，**時間や労力をかけ過ぎずに，毎年継続してとることができるという条件を満たしたデータ**である必要があります。

　そこで着目したのが「**指導要録**」です。指導要録は，子どもの学習及び生活の様子について毎年必ず記録するものですから，こうした条件を満たす有効なデータになり得るのではないかと考えたのです。

② 指導要録を数値化する試み

　では，指導要録をどのように数値化し，グラフ化するのか。主体性の育ちを見取る視点として「生活・健康」「学び・遊び」「他者との関係」「自己認識」を設定し，それぞれについて指導要録の内容を表3のように分けて，数値化しました。

　全体の最高点を「100」としたとき，視点ごとの配点は「（1）15（2）45（3）20（4）20」としています。各視点の重みづけの違いは，指導要録の項目数の違いによっています。「（2）学び・遊び」において，各教科の観点別学習状況は40点分ですが，学年によって指導要録の項目数が違うため，まず素点（各観点A 3点，B 2点，C 1点）の平均をとり，それを素点の最高点3点で割って，素点の満点に対する平均点の割合を出します。例えば，素点の平均が2.1点の場合，その割合は，$2.1 \div 3 = 0.7$ ということになります。それに配点の最高点40をかければ，その生徒は40点の0.7，すなわち28点ということになります。

表3　指導要録を数値化する規準

視点	指導要録の項目	数値化の規準
（1）生活・健康 （15点）	出欠席の記録	「出席すべき日数」に対する「欠席日数」の割合 0〜5%：5点　5〜10%：3点　10%〜：1点
	「基本的な生活習慣」「健康・体力の向上」	それぞれ　○：5点　　なし：1点
（2）学び・遊び （45点）	各教科の観点別学習状況	A：3点　　B：2点　　C：1点 （素点の平均）÷ 3 × 40
	「創意工夫」	○：5点　　なし：1点
（3）他者との関係 （20点）	特別活動の記録	いずれかの項目に　○：5点，なければ1点
	「思いやり・協力」「生命尊重・自然愛護」「勤労奉仕」	それぞれ　○：5点　　なし：1点
（4）自己認識 （20点）	「自主自立」「責任感」「公正・公平」「公共心・公徳心」	それぞれ　○：5点　　なし：1点

このように数値化を試みていますが，実は，この規準に理論的根拠はありません。先行研究をみても，主体性の数値化を試みている研究は見当たりません。それならば，まずは指導要録の項目の数をもとに規準を決め，数値化の結果が子どもの実態にあっているかどうかを検証しながら規準を整えていこうと考えました。前例がないのだから，まずはやってみて，それを手がかりによいものをつくっていく。表3の規準は，そうした発想から生まれたのです。

③ 個人の主体性の変容のグラフ化

　表3の規準に基づくグラフが，図7, 8です。図7は，A児の点数の変容を表しており，図8は4つの視点の達成度を割合で表し，それぞれの変容を表しています。

　A児は，幼稚園から小学校，中学校と11年間を竹早地区で過ごした子どもです。図7のグラフからは，A児の主体性が小6から中1にかけて上昇し，中2で少し下がり，中3でまた上向きになっていることが分かります（図7破線囲み）。この変容を，図8の4つの視点からみると，「(4) 自己認識」が小6から中1にかけて急激に上がり，中1から中2で下がるという同様の傾向を示しています。また，「(1) 生活・健康」も小6から中2にかけて安定して上昇しています。これらのことから，図7が示すA児の主体性の変容には，「(1) 生活・健康」と「(4) 自己認識」が大きく影響していることが推測されます。

　では，こうした変容を示す小6から中2にかけて，A児に何が起こっていたので

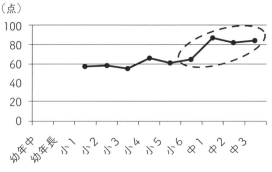

図7　A児の主体性の変容（破線囲み強調：筆者）

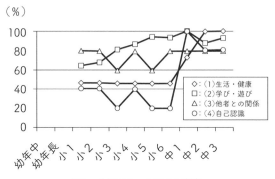

図8　A児の4つの視点の変容

しょうか。当時の担任の先生にうかがったところ、次のようなエピソードが浮かび上がってきました。

・小学校時代から野球をやりたいと思っていたが、できなかった。
・中学校に入学したが、竹早中学校には野球部がなかった。そこで陸上部に入り、主体的に活動に取り組んでいた。
・しかし、やはり野球への思いを断ち切れず、中2に進級するときに部活をやめて、地元の野球クラブに入った。

　つまり、小6から中2にかけてみられる主体性の変容は、中学校での陸上部の活動に主体的に取り組み、「(1) 生活・健康」を向上させ、また自己実現に踏み出しつつも陸上と野球との間で迷う中で、「(4) 自己認識」が上がったり下がったりしたことに起因していると考えられるのです。
　このように、グラフ化することで個人の変容の概略を捉えることができます。そして、特徴的な変容がみられた箇所で、個人に何が起こっているかを把握することにより、生活指導に生かすことができます。また、同様の傾向を示した他の子どもの指導の参考にもなるでしょう。こうした日々の指導の基礎資料になりうるという点にも、個人の変容をグラフ化するデータベースシステムの意義があると考えています。

④ 集団の主体性の変容のグラフ化
　その一方で、カリキュラムの検証という目的からすると、個人の変容だけではなく、集団の傾向もみるべきであると考えました。個人の主体性の変容傾向はその生徒の能力や取り巻く環境、評価する担任の違い等の影響が大きいことが予想され、そこにみられる傾向が連携カリキュラムの効果を十分に反映しているとは限らないからです。一方、集団の傾向ならば、そうした個人の違いはならされ、カリキュラムの効果を反映したものとみてもよいのではないかと考えました。
　そこで、2つの学年（以下、「卒業学年A」「卒業学年B」）をデータ化し、その傾向を比較してみました。図9は、各学年の幼稚園から小学校、中学校と11年間竹早地区で過ごしてきた生徒16人のデータをグラフ化したものです。各学年に縦に並ぶ個々の点は、16人の子どもそれぞれの点数（100点満点）を表しており、それが小2、小3、…と、同じ16人の子どもの点数が並んでいます。太線の折れ線グラフは、16人の点数の平均値の経年変化を表しています。
　この図から、例えば、次のようなことが読み取れます。

・卒業学年Aの個人値のちらばり具合は、小4で特に小さく、中1で特に大きい。
・卒業学年Bの個人値のちらばり具合は、9年間でほとんど変わらないが、中2だけがやや大きい。
・卒業学年A、Bの個人値のちらばり具合を比較すると、全体的にAの方が小さい
・平均値の推移を見ると、いずれも右上がりの傾向がある。

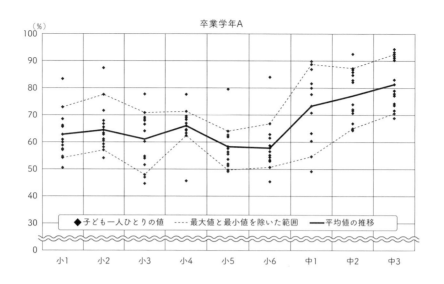

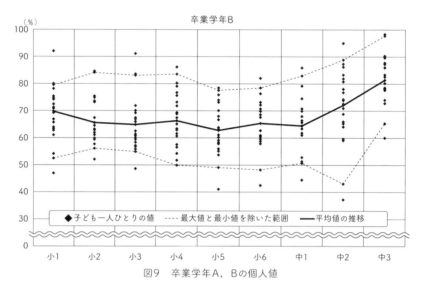

図9　卒業学年A，Bの個人値

　このように，学年の変容をグラフ化してみると，学年によっても変容傾向が異なることが分かります。これは，当然のことではありますが，「学年固有の特徴」があることを示していると考えられます。一方で，学年集団の平均値の推移の折れ線グラフをみると，卒業学年A，Bに類似の右上がりの傾向がみられました。これらのことは，学年によって個人の点の散らばり具合等の違いはあるけれども，総じて竹早の教育が「主体性の育成」に貢献している可能性を示唆していると考えられます。

　こうした数値化，グラフ化により，それまで経験的に取り組んできた教育の有効性を視覚的に確認することができます。また，それまでに気づかなかった傾向もみえてきます。これがデータベースシステムの意義です。

　数値化の規準の妥当性やデータとして指導要録の適切性などの問題がまだまだ残りますが，主体性という捉えがたいものを数値化，グラフ化しようという試みは，教育

評価の新たな可能性を切り開くものと考えています。また，竹早地区では主体性に焦点を当てていますが，データベースシステム自体は，例えば「思考力」「表現力」といった他のものでも応用可能と考えています。情報化が進むこれからの社会にあって，こうした取り組みを検討してみてはいかがでしょうか。

（4）実践づくりにおける「連携」の視点

　これまでは，幼小中11年間全体に視点をおいた成果を紹介してきました。ここからは，日々の実践に目を移し，竹早地区の実践からみえてきた「連携」の視点，すなわち「連携」の実践をつくる上で教科領域を越えて留意すべき点について紹介します。

　以下では，その視点を，「連携」の2つの実践形態に分けて紹介します。異校種の子どもと教師が合同で行う「合同実践」と他校種とのつながりを意識しながら各校種で行う「校種別実践」です。

① 合同実践における「連携」の視点
（ⅰ）各校種のねらいの設定と実践の設計
　竹早地区では，幼小グループ（幼稚園，小学校第1，2学年），健康グループ（保健体育科，養護，栄養），国語科，家庭科が合同実践の形態に着目し，実践を重ねてきました。以下は，合同実践の各教科領域のまとめです。

　　幼小G：・他学年と関わりの中で，子どもの新たな一面が見え，教師のフィード
　　　　　　　バックや子ども自身の振り返りにより，その一面に子どもが気づくこと
　　　　　　　ができ，主体性を引き出すことにつながった。
　　　　　　・5歳児として1年生と交流していた子どもは，小学校に入学し，のびの
　　　　　　　びと生活することができている。
　　健康G：・小2と中2合同のダンスの授業では，小学生に引っ張られてノリノリで
　　　　　　　踊りだす中学生がいるなど充実した活動となった。
　　　　　　・児童生徒の関わりが「教える－教わる」の関係になってしまいがちなの
　　　　　　　で，（小6と中2による）小中合同体育では，ニュースポーツ等，普段
　　　　　　　あまりおこなわない種目を行い，力の優位差が出にくいように工夫し，
　　　　　　　結果，みんなで楽しむことができた。
　　国語科：・児童生徒の態度からも，互いに異校種の子どもを意識して主体的に学ぶ
　　　　　　　姿がみられた。
　　　　　　・各校種のねらいが効果的に達成できているかの検討が必要
　　家庭科：・幼稚園との交流会を通した高め合いが期待通りであった。

　このように，合同実践は一定の教育効果が期待できます。しかし，注意しなくてはならないのは，単に異校種の子どもが交流するという形を設定するだけでは十分ではないということです。国語科の2つ目の波線部のように，参加する各校種の子どもについてねらいを設定し，それが達成されるように実践を工夫することが重要です。小

中の合同実践でいえば，小学生と中学生それぞれをどのように伸ばすのか，そのねらいを明確にし，「小学生には学びがあるが，中学生には学びがない」といった実践にならないようにしなくてはいけません。

実践の形態が先ではなく，あくまでねらいが先にあり，それに基づいて実践をつくるという基本を忘れないようにしたいです。

（ⅱ）合同実践の「経験の蓄積」

合同実践では，先の健康グループの波線部のように，上学年の子どもがリードし，下学年の子どもがそれについていくという形になることが多いですが，こうした異学年の子どもの関わりについて，次のような報告があります。

健康グループでは，小学校6年生と中学校2年生による「合同体育」を毎年実践しています。そこでは，小学生として合同体育に参加し，中学生にリードされたり，教えられたりした経験がある中学生ほど，積極的に小学生に関わり，リードする姿がみられました。

また，幼小グループでは，キッズフェスティバルという小学校低学年と幼稚園児で行う行事があります。そこでは，低学年の児童が，「これまでにやってもらったことを自分たちもしていこう」と幼稚園のときにリードされた経験を生かして幼稚園児をリードする姿がみられました。

このように，継続的な合同実践において，下学年のときにリードされた経験を生かす上学年の子どもの姿がみられたのです。こうした「経験の蓄積」は，子どもの主体性を引き出すとともに，上学年から下学年への「経験」の分かち伝えにもなり，合同実践をより豊かなものにしてくれます。

② 校種別実践における「連携」の視点

こうした合同実践は確かに意義深いものですが，日常的に行えるものではありません。むしろ，各校種で行われている日々の実践の中で，いかに他校種とのつながりを意識するかが重要です。

他校種，異学年とのつながりを考えることは，言い換えれば「系統性」を考えることです。学習内容の系統性は学習指導要領に示されています。しかし，それにも関わらず「連携」が今日的な課題になっている現状は，学習内容だけではなく，さらに踏み込んだ系統性を「連携」で考える必要があることを示しています。では，「連携」に求められる「系統性」とは何でしょうか。以下では，このことについて考えていきます。

（ⅰ）「学び」のつながり（子ども側の視点）

例えば小中連携の場合，「小学校でこの知識や技能を学習しているから，中学校ではこの知識や技能から扱おう」「小学校でこういう力を養ってきているから，中学校ではこの力を伸ばそう」といった，下の校種で「何を」学習しているかという既習事項を把握し，それを踏まえて上の校種で実践を行います。下の校種，小学校を中心に

いえば，「中学校では，こういう力が必要になるからその素地となる力を養おう」といった先を見通して実践を行うということになります。これが，学習内容の系統性，「何を」学んでいるかの視点です。これに対し，次のような報告があります。

社会科：<u>小学校で自動車工場を見学した経験を踏まえ，中学校では自動車産業についてグローバルな視点から考える</u>など，小学校と中学校のつながりを意識した授業づくりに変わってきた。

外国語：<u>小中を通して，英語中心で授業を進めた</u>ことにより，英語で授業を進めることに対する子どもの抵抗感がなくなり，日本語で説明をしなくても理解できる中学生が増えた。

　ここで重要なことは，波線部のように，「何を」学んできたかとともに，「どのように」学んできたか，その学習経験にも着目している点です。社会科でいえば，自動車工場の見学を通して学んできたという子どもの経験につながりが出るように中学校の授業をつくっています。また，外国語では，英語で進める授業で学んできたという小学校での経験を，中学校でも続けることにより，英語のよりよい理解につなげています。
　カリキュラムの内容を「どのように」学んできたか。学びの経験を捉え，それとつなげた学びを子どもに経験させることが，学びの連続の実現につながると考えます。

（ⅱ）「手立て」のつながり（教師側の視点）
　「学び」のつながりは，「子どもがどのように学んできたか」という，いわば子どもの側に立った視点です。このことは，裏を返せば教師側の視点，すなわち教師が「どのように」指導してきたかという「手立て」のつながりという視点になります。これに関して，先の社会科，外国語科の成果をみてみます。

社会科：小学校と中学校の教員で教材の扱い方の知見を出し合うことで，教材分析の視点が深まり，多角的に捉えることができた。
　　　　<u>ホワイトボードの扱い方が，小学校から中学校へだんだん高度になっていく。</u>

外国語：小学校での外国語活動の経験を生かして，中学校ではどのように指導するのか，特にその小中の接続期にあたる中学校の入門期の学習が課題となっている。

　社会科では，教材の扱い方について小中の教員の知見を共有することにより，小中のつながりを意識した視点で教材を捉えることができ，その扱い方に深まりが出てきました。また，波線部のように，ホワイトボードを使った発表という手立てを小中で連携しています。これにより，説明や発表する力を伸ばすことはもちろん，校種間での発表の仕方の違いに子どもが戸惑うことなく，小学校の経験を基礎に安心感をもっ

て学習に取り組むことにつながっています。

　外国語では，「英語中心で授業を進める」という手立てを小中で連携したことにより，「小学校での外国語の経験を生かして，中学校ではどのように指導するのか」「中学校の入門期の学習が課題」といった新たな課題がみえ，よりよい授業の創造につなげています。

　このように，子ども側の視点「学び」のつながりと教師側の視点「手立て」のつながりは密接に関連していますが，いずれも「どのように」学び，「どのように」指導してきたかという「方法」に関する視点といえます。「内容」の系統性とともに，学びや手立てに関する「方法」の系統性こそが「連携」において追究すべき系統性といえるのではないでしょうか。

　ここでさらに，「手立て」のつながりに関して健康グループの成果を参照します。

　　健康グループ：学習成果や教材の学習内容を小中で架橋するように考え，児童生徒の発達に沿った系統的な指導方法や教材の選択，提示ができた。

　「手立て」のつながりについて，同じ「手立て」であっても，対象の子どもが変われば，当然，学習経験や発達段階が違うのですから，その講じ方も変わってきます。先の社会科のホワイトボードの例でいえば，「小学生のホワイトボードによる発表と中学生のホワイトボードによる発表では，どのような違いがあり，それぞれどういった指導が必要なのか」ということです。「手立て」のつながりとともに，対象の子どもに応じた指導の工夫も考えたいところです。

5. おわりに

　繰り返し述べてきたように，連携教育研究の難しさは，異校種間での価値観や文化の違いを越えて研究を協同して進めていく点にあります。これに対する竹早の考えを，ここでは紹介してきました。

　特に，運営や研究方法に対する考え方は，こうした価値観や文化の違いをいかに乗り越え，子どもと教員，さらには地域にとってよりよい研究をするかということを考えて行き着いた，現時点での我々の結論です。改めて，その要点を示せば，次のようになります。

　　・他校種の価値観と文化を尊重し，他校種の教育活動に不都合が生じないように
　　　配慮した研究運営
　　・幼小中全教員によるボトムアップの研究運営
　　・「子どものため」「学校のため」とともに「教員のため」の研究
　　・無理なくよい研究をすること
　　・実践から理論をつくること

　これらの考え方は，連携教育や一貫教育はもちろん，単体の学校の学校研究にも生

かせるものと考えています。紹介した研究組織や「連携研究運営事項」，幼小中連携カリキュラムは，竹早地区の実態に即してつくられたものなので，他の学校研究でそのまま使うことは難しいかもしれませんが，それを支える左記の考え方やこうした考え方がつくられるまでの前節や本節で示した試行錯誤の経験やプロセスは，先生方が研究をつくられていく上で必ず参考になるものと確信しています。

　ここで示したことが先生方の一助となり，日本の子どもたちのよりよい学びに，そして日々奮闘する先生方のよりよい教育活動に寄与するものとなれば幸いです。

（文責：小岩　大）

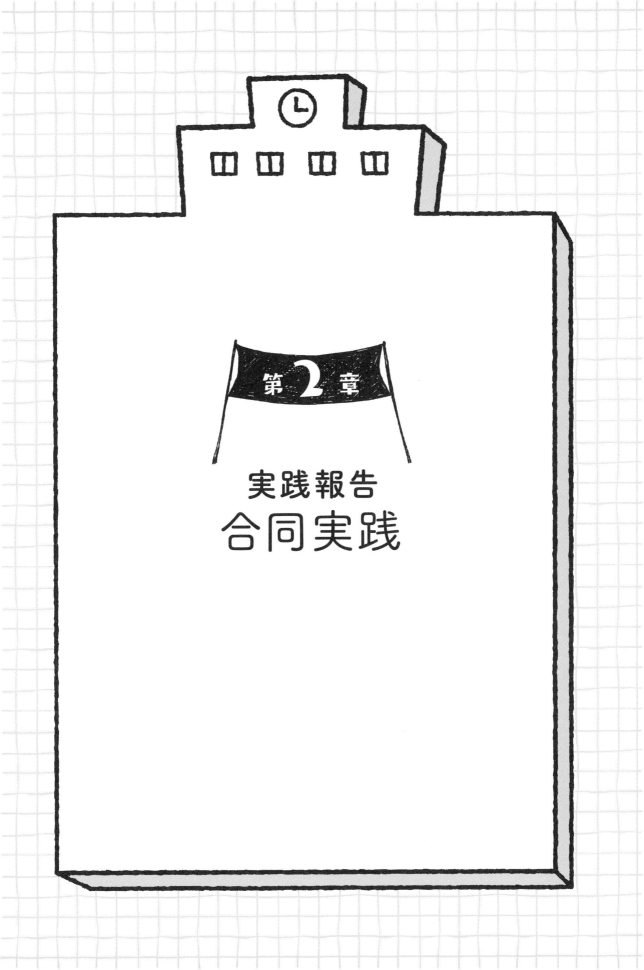

幼小接続

「相手意識」をもって関わる
～互恵性をもった交流活動について～

1 実践のねらい

　私たちは，交流のために活動を考えるのではなく，子どもたちの生活の中から生まれた活動を交流のきっかけにしていくということを意識している。また，長年にわたる幼小の交流の実践を振り返って，「なぜ交流するのか」と交流の意義や目的を捉え直してみると，「相手意識」というキーワードが挙げられた。小学生が「してあげる」，幼稚園児が「してもらう」のではなく，お互いに相手を知ることで，相手意識をもって関わることができるのではないかと考え実践している。

2 ねらいの実現のための連携の視点

①連携カリキュラム

　幼小連携カリキュラムでは，幼稚園4歳児から小学校2年6月までを同じ発達の期と捉えている。この期に育てたい子ども像は以下の通りである。

> 自分のしたいことを見つけ，思う存分取り組む……自発性「活動に取り組む」
> 園・学校生活をよりよいものにしていく……………自律性「生活をつくる」
> 友達のよさを知り，互いに協力する………………協同性「人と関わる」

　上記の「自発性」「自律性」「協同性」を「教科横断的学びの基礎力」とし，各領域・教科につながる学びを「学びの芽」と考える。幼稚園の総合的な活動である「遊び」と，小学校低学年の「総合的な活動」の中で，どちらの側面の力も育むことを目指す。本活動の中でも，例えば国語領域の「文字で表す」「仲間と話し合う」や「自分の思いを様々な方法で表す」などの学びが見られる。

②手立て

▶ **交流自体を「教材」と考える**

　ものや素材だけでなく，交流自体を「教材」と捉える。自分たちの生活の中から生まれた活動を生かして交流を考えることで主体性が発揮されると考えた。

▶ **少人数での関わり**

　一対一など少人数での関わりを大切にすることで，顔の見える交流となり，常に相

手を意識して関わることができると考える。また，交流活動を単発で終わらせるのではなく，交流後の子どもたちの思いを大切にし次の活動に結びつけていくことで一連の交流活動につながりが生まれると考えた。

▶ **平成27年度の交流の概要とそれぞれの活動のねらい**

		交流の概要	ねらい
6月	①	幼稚園児と小学校1，2年生の合同の行事「キッズ・フェスティバル」に参加。一緒に踊ったり，互いの演技を見たりする。	幼小）異学年の友達と一緒に，身体を動かしたり，表現活動をしたりして楽しむ。
10月	②	つき組がフェスティバル（運動的な行事）に1年生を招待。幼稚園の子どもたちの競技を応援する。	幼）自分たちが楽しんでいるものを，知っている人にみてもらう喜びを感じる。
11月	③	「竹早祭」で，1年1組が「しょうてんがいのあきまつり」につき組を招待。一緒にお店屋さんごっこを楽しむ。	小）年下の園児をお客に迎えることで，年長者として優しく関わることを意識する。
	④	つき組が，ポップコーン・パーティに招待。幼児が，お礼の歌を披露する。	幼）小学生に優しく接してもらうことで安心感を得て親しみを感じる。
			幼小）共通の体験をすることの楽しさを感じる。
12月	⑤	つき組のこども会に1年1組を招待。自分たちの創作劇を観てもらう。	幼）自分たちが楽しんでいるものを，1年生に観てもらう喜びを感じる。
	⑥	1年1組の「あきのおみせやさん」につき組を招待。ペアで一緒に作品を見たり，制作をしたりする。	幼小）相手の顔や名前を知り親しみを感じる。
			幼小）少人数ペアを組み名前を呼び合うことで，相手意識をもち，これからの活動への期待感を高める。
1月	⑦	幼稚園で，ペアの友達と一緒に正月遊びを楽しむ。	幼）ペアの友達のことや一緒に遊ぶことを思い浮かべながら，期待をもって準備をする。
			幼小）遊びを一緒に楽しむ中で，親しみを深めたり相手に合わせて行動しようとする。
2月	⑧	1年1組がつき組を招待し，1年生が作ったオニや小道具で一緒に豆まきをする。	小）クラスの仲間やつき組との関わりの中で，互いのよさを見つける。
			幼小）自分の思いを言葉で伝えたり，仲間の思いを聞いたりしながら，一緒に楽しく活動する。

3 実践の成果

▶ 生活の中の活動を生かした交流により，主体性が発揮された。また，少人数での関わりにより，顔の見える交流となり，常に相手を意識した関わりができた。

▶ ペアの友達に親しみを感じるだけでなく，交流を通して「もっと仲良くなりたい」「喜んでほしい」と思う大切な相手になったことによって，より主体的に活動できた。

▶ 教師による投げかけだけでなく，子どもたちの願いをきっかけに交流を設定したことで，自らが主体的に活動や相手に関わっていこうとする姿が見られた。

▶ 子ども自身が主体的に活動していくためには，それまでの過程が大切になってくる。教師は，5歳児，1年生の互いに「もっと関わりたい」「遊びたい」という願いが生まれるような環境を設定していくことが大切であることが分かった。

（文責：神山　雅美）

実践

2年保育5歳児つき組

「相手を知って関わろう」

指導者 神山 雅美

実践のねらい

☆自分たちの園生活と小学生との交流活動をつなげ，主体的に活動に取り組む。
☆小学生に親しみを感じ，入学後の生活への安心感やさらなる期待をもつ。

実践のポイント

ポイント① 自分たちの生活の場である幼稚園に1年生を招くための準備し，迎える。

交流⑦幼稚園に1年生が来てくれる！

1年生の「幼稚園に行きたい，一緒に遊びたい」という願いを聞き，幼稚園で一緒に正月遊びをしようと招待する。当日に向けて，一緒に遊ぼうとカルタなどの遊具や遊ぶ場所を用意したり，今楽しんでいる自分たちの遊びを見せたいと神社の初詣ごっこや獅子舞と大鼓ショーなどを準備したりしていった。

1年生と会うと，何をしようかと相手と相談したり，当日もらった自己紹介カードで好きな物を知ったりと，「私のペアの○○さん」と特別な思いをもって関わっていた。まだ，相手の動きに戸惑いながら関わるペアもいた。

指導のキー

・幼児にとって安心できる自分たちの場（幼稚園）に1年生が来てくれたことで，慣れた遊具や場所で自信をもって安心して過ごすことができた。
・同じ1年生とペアを組んで交流を重ねてきていることで「また遊ぼう」「今日は何しよう」と互いに期待が生まれる。

幼稚園

小学校

中学校

子どもの学ぶ姿

遊戯室で待っていたＡ児は１年のＢ児を見つけるとうれしそうに笑い、「Ｂくん」と手を振った。隣に座るとＡ児は早速「何して遊ぼうか」と聞く。遊び出しでは、Ａ児がＢ児に園内の地図を示しながら、「どうする？」と声をかけていた。一つの遊びが終わると、二人で「何する？」「すごろくは？」と話したり、Ａ児が「こっちでやろう」と言いながら場所を案内したりして、いろいろな遊びのコーナーを回っていた。

ポイント② 「また一緒に遊びたいね」という思いから次のめあてが生まれる。

交流⑧一緒に遊ぶものを作ろう！〜カルタ作り〜

交流当日は、「もっと一緒に遊びたい」という思いで終わりの時間を迎えたため、後日また一緒に遊ぶ約束をした。この次の交流に向けて、一緒に遊ぶものを作ろうというめあてが生まれた。交流後に受け取ったペアの友達の自己紹介カードに、名前と顔しか知らなかったペアの誕生日や好きな物が書かれており、「私と同じ月に生まれたんだ」「○○ちゃん、ぶどうが好きなんだ」と相手のことをより知る機会となっていた。

ここから、次の交流に向けて「ペアの友達のことを思い浮かべながら」カルタの絵や言葉を考えて作る活動が生まれた。

指導のキー

・以前に取り組んだ「自分の名前を糸口に作った"なまえカルタ"」作りの経験が生かされるように、同じ方法でカルタを作れるようにする。
・カルタを作るコーナーの近くに、自己紹介カードが掲示し、相手を思い浮かべたり、作りたいという思いをすぐに実現できるようにしたりする。

子どもの学ぶ姿

Ｃ児は、普段の遊び場面では進んで絵を描くことが少ない。しかし、この取り組みでは、「Ｄくんの好きな物を描いてあげたい」「Ｄくんのために描きたい」という思いから、自分の知らないことを友達に聞きに行き、さらに教えてもらったことも進んで絵や文章に表していた。

実践

小学校1年

「相手を知って関わろう」

指導者〉高須 みどり

実践のねらい

☆ペアの子を思い浮かべ、仲間と相談したり協力したりしながら活動に必要なもの作りに主体的に取り組む。
①それぞれの活動や行事をきっかけにして、つき組の園児と知り合う。
②自分たちの「お店」につき組を招待し、相手意識をもって一緒に活動を楽しむ。
③仲間と相談しながら、つき組のペアと楽しむための活動を計画し、進める。

実践のポイント

ポイント① 小学校や園の行事に合同で取り組んだり、お互いを招待したりする

1年1組の子どもたちが幼稚園のつき組と出会ったのは、6月の「キッズフェスティバル」である。そのとき、小学2年生から幼稚園4歳児までの児童・園児が、体育館で学年別に、また異学年同士が交ざり合って歌や踊りなどの表現活動に取り組んだ。この行事をきっかけに、子どもたちは園児の存在をそれまでより身近に感じることができた。その後、小学校と幼稚園の担任同士で連携を図り、幼稚園の行事の「フェスティバル」を1年1組が参観しに行く機会を設けた。子どもたちは、園児たちが走ったり玉入れをしたりする様子を見て、一生懸命に応援していた。

ポイント② 自分たちで考えて準備をした「お店」に、つき組を招待する

11月の文化的行事「竹早祭」をきっかけに、さらに相手意識を育めないかと教師の方で考え、1組のお店にお客さんとしてつき組に来てもらった。その後、これからのクラスの活動を相談した際に、「つき組さんと一緒に何かやってみたい」というある子どもの意見に、教室中から「いいねえ！」という賛同の声が上がった。「竹早祭」のクラスの出し物をきっかけに、自分たちが「お兄さん」「お姉さん」の立場としてつき組と触れ合ったことで、園児たちに意識が向いてきた。

12月には、ドングリや松ぼっくりなどを使ってまず自分たちだけで工作を楽しみ、その次に、園児とペアになり一緒に工作することを楽しんだ。

子どもの学ぶ姿

~1組A児とつき組B児ペアの様子~
A児が「グルーガン知ってる？」と見せると，B児は「これどうするの？怖い？」と聞き，A児が実際にやって見せながら使い方を説明していた。B児が工作しているときには，A児は手を添えて紙を押さえたり，使えそうな材料を選んで持ってきたりしていた。また，セロハンテープの長さについても助言していた。

ポイント③　つき組と一緒に節分を楽しむために必要なものを準備する

1月に幼稚園に行き，カルタや羽根つき，すごろくなどの正月遊びで交流した。自分よりも年少の存在との触れ合いに，子どもたちは年長者としての気遣いや振る舞いを意識していた。ある男児は，自分よりも背の高いペアが竹馬でころばないように一生懸命支えていた。その男児は普段教室の中では，誰かの世話を焼くような姿はあまり見かけない。また，ある女児はペアの子の顔をのぞき込みながら，どんな遊びがしたいかと優しく話しかけていた。同学年と接しているときにはなかなか見せない一面であった。次は「一緒に節分がしたい」という意見が子どもから出た。そこで，3~4人のグループになって仲間と相談し，節分の会に必要なものを作ることにした。普段は発言の少ない子どもも積極的に話し合いに参加し「豆を入れる升も作る」「ヒイラギとかイワシとか，節分に関係あるものの工作をする」などのアイデアを出したり，仲間の発言をよく聞いて考えたりする姿が見られた。子どもたちの発言からは「ペアと一緒に楽しみたい」という意識がうかがえた。グループで1体のオニを共同制作するという条件を担任が設けたことで，グループのペア全員が豆まきを

楽しめるよう，自分のオニと仲間のオニのイメージをすり合わせる必要が生じ，進んで話し合おうとする姿があった。あるグループの話し合いでは，「怖くしようよ」「怖すぎるオニだと，私のペアさんが泣いちゃうかも」「あ～そっかあ」「でも豆を投げるんだから，怖くないと」と，ペアを気遣う姿や，節分を盛り上げようと考える姿が見られた。

指導のキー

- ペアと一緒に撮影した写真を教室に掲示し，同じグループの児童のペアの存在も意識できるようにした。
- 準備や話し合いの振り返りでは，ペアのことを考えながら活動や発言ができたか，考えさせた。

キッズフェスティバル
～つき組のみんなで「恐竜の世界」を作ろう！～
幼稚園5歳児学年つき組

「キッズフェスティバル」とは，幼稚園児と小学校低学年による身体的な活動を主としたストーリー仕立ての行事です。

5月，竹早小学校の2年生が手作りの紙芝居を持って幼稚園にやってきました。「キッズフェスティバルを一緒にやりませんか？」つき組のみんなは「やる！」と即答。紙芝居を見た後，「恐竜やりたいね」と，今，遊びの中で興味をもっていることと重ね合わせて，期待をもち始めました。そこで，まずは「絵本の中に吸い込まれて，破れたページを探しに行く」という紙芝居のストーリーをみんなで思い出しました。そして，破れた恐竜のページの見つけ方など，恐竜の世界のストーリーを考え始めました。「恐竜が食べちゃったってことは？」「それで，ページがバラバラになっちゃって，みんなで集めに行くっていうのはどう？」といろいろなアイディアが出てきました。みんなで1枚のページを描き，恐竜が食べてバラバラになってしまったということをパズルで表現することにしました。また，恐竜の口の中にある最後の1ピースを返してもらうために自分たちも恐竜に変身して仲良くなろうと恐竜のダンスを踊りました。

フィナーレのダンスを2年生が幼稚園に教えに来てくれたり，劇中歌を小学校の音楽の先生と一緒に歌ったりと，キッズフェスティバルを通して，小学校が身近になっていきます。また，初めて参加する4歳児と手をつないで競技したり，昨年まで一緒に生活していた1年生との再会を喜んだりと，縦のつながりも感じられます。2年生が考えたストーリーをベースに進んでいくキッズフェスティバル。その中で役割をもらえて，考えて参加できたことはリードする学年になったときに生かされていくことと思います。　（文責：八木　亜弥子）

竹の子祭
～子どもたちの思いが表現される運動会～

子どもが考えたスローガン

　竹の子祭と聞いて，最初に「何のお祭り？」と感じませんでしたか。竹早小学校では，運動会のことを竹の子祭と呼んでいます。でも，「なぜ，運動会ではなく，お祭りなの？」と疑問に感じませんか。それは友達との比較や勝ち負けよりも，身体による自己表現や友達との競争を楽しむ中で，挑戦する喜びや友達と一緒に活動する喜びを味わってほしいと考えているからです。そのため，竹の子祭は子どもたちの「思い」を大切にして創られていきます。

　竹の子祭では，子どもたちが個人種目，団体種目，縦割り班種目の3つにエントリーします。個人種目では，自分が「やりたい！」と思ったことに取り組み，練習してきた成果を発表します。「16秒を切りたい」と腕を大きく振って100mを走る子，「50mは飛ばしたい」と体全身を使ってボールを投げる子，「大好きな一輪車で技を見せたい」と一輪車に乗って回る子など，発表の内容は様々です。決まった種目に取り組むのでなく，自分のやりたいという「思い」に挑戦するのが個人種目です。

　団体種目では，学年で話し合い，ひとつの演技を創り上げて発表します。「昔から伝わる日本の伝統を伝えたい」と民舞に取り組む学年，「協力することの大切さを伝えたい」と組体操に挑戦する学年など，友達と話し合って決めた「思い」を協力しながら身体で表現します。自分だけでなく，その学年の「思い」を表現するのが団体種目です。

　縦割り班種目では，班長会で決めた騎馬戦や棒引き，リレーなどの種目にエントリーをして競争します。縦割り班全員で出場する種目を決めて，どうすればより楽しめるか考えながら，「思い」をひとつにして取り組みます。異学年からなる班の「思い」をまとめ，チームワークを発揮するのが縦割り種目です。

　どの種目も子どもたちの「思い」から，子どもたち自身で創り上げていきます。だからこそ，毎年同じ「竹の子祭」になることはありません。「子どもたちが挑み，表現し，力を合わせる」それが竹早小学校の運動会「竹の子祭」です。

（文責：久我 隆一）

国語科

「文壇パーティへようこそ」
～小中合同授業を生かした創作活動～

1 実践のねらい

　小中連携のための共通課題として，「物語の創作」を設定した。小学校から既習事項を積み上げることが，学習への主体的な取り組みや，児童・生徒の伝え合いに有効に機能すると考えたのである。また，目的意識や相手意識を明確にもって言語活動を設定していくことが必要であるとも考えた。ここではお互いの意見や考えを交流し合うことで自らの意見や考えをより深めていくことになる。

2 ねらいの実現のための連携の視点

①連携カリキュラム

　国語科における各領域の連携カリキュラムは，以下の内容で構成されている。

> ①その学習を通して，どのような「子どもの姿」を目指すのか。
> ②その学習には，どのような「活動例と形態」があるか。
> ③その学習で，「ついた力」はどのようなものか。

　また，このカリキュラムは，これまでの様々な形態の学習活動を，一定の基準によって整理した「学びの記録」の側面をもつ。

　カリキュラムの内容は，子どものステージステップに合わせたねらいを「つけたい力」とし，その力をどのような学習活動で身につけさせるかを「活動例」，その活動でどのような力がついたのかを竹早地区の教員が見取ってきた記録を「ついた力」とし，この3つをカリキュラムの柱立てとして構築した。

　また，国語科では以下のように「育てたい子ども像」を領域ごとに設定している。

> 【話すこと・聞くことの領域】言葉や表現にこだわりながら，話す・聞く活動に取り組み，その活動を通して問題を解決したり，見方・考え方を深めたりしていく子ども
> 【書くことの領域】様々な文章を書き，交流を通して，自ら思考をまとめ，広げ，深められる子ども
> 【読むことの領域】主体的に取り組み，交流を通して読みを深め，自らの読みを再構築していける子ども
> 【伝統的な言語文化の領域】主体的に古典に親しみ，昔の人の考え方に触れて共鳴したり示唆を得たりして自分の生活を振り返り今後に生かそうとする子ども

これらの「子ども像」は，基本的な考え方が共通している。すなわち「得た知識を正しく身につけ，さらにそれらを用いて新しい活動を進めることができるようにする」ということである。この基本事項を子どもが身につけることによって「主体的にものごとに取り組む姿勢を育む」ことをねらいとしている。さらには学習活動の中で「子ども同士の豊かな伝え合い」をすることで「主体的に取り組む姿勢」の一層の伸長を図る。そのような意図のもと，国語科の小中連携カリキュラムは作られている。

②手立て

　主体性を育む手立てとして，本実践では，小中それぞれに豊かな創作活動をするために幼小中の接続期の中でも，第4ステージステップ7の中学校2年生と，第2ステージステップ4の小学校3年生の合同授業を設定した。創作についての意見の交流を異学年間で行うことで，小中双方が主体的に想像をはたらかせた創作活動を行い，それぞれの学年での活動に戻ったところで，あらためてその読みを生かした学びを深めることを意図した。

　これは，主体性を育むとともに，豊かな伝え合いを行う姿にもつながる。また，小中が同じグループの構成メンバーとして，それぞれの考えや気づきについて話し合う中で，年少である小学生には，中学生に自分の考えを評価してもらいたいという意欲が，年長である中学生には，小学生を感心させられるようなものを示したい，というそれぞれの主体的に学ぶ姿につながっている。本研究においては，「主体性」を育み，「豊かな伝え合い」を目指すことがその主眼であり，様々な言語活動を行うことで，この2つを実現していこうと考えてきた。検証を行う上でもこの2つの視点は欠かせないと考えた。

　小学生には，「自分の言葉で文章を書いて考えを深めようとする」ことを，中学生には「相手や目的に応じ工夫をしながら書こうとする」ことを，それぞれ重点的に指導する事項として設定している。

3　実践の成果

　各領域について数年間の異学年による「交流授業」を重ね，ステージの異なる学年の交流が，上位学年と下位学年の双方において学習意欲を高め，新たな発見の機会をもたらすことがある，ということが分かってきた。国語科では「豊かな伝え合いをめざして」を研究テーマに掲げて，児童・生徒の主体性を育み，学びを深めていく方策を研究してきたが，異学年による伝え合いに豊かな可能性があると分かったことが，最大の成果であると考える。もちろん，異学年の交流授業を成立させるためには，小中で連携したカリキュラムを日々実践していく必要がある。児童・生徒にも教員にも，「目指すべき姿」と「振り返るべき学習内容」とが明らかになっていてこそ，効果的な「伝え合い」が生まれるのである。そして，一貫したカリキュラムとそれを生かした学習活動を子どもたちに示していくことで主体性が育まれていくのだといえよう。

（文責：堀内　泰）

小学校3年・中学校2年
「文壇パーティへようこそ」
～小中合同授業を生かした創作活動～

指導者 荻野 聡・森 顕子

実践のねらい

☆主体的に物語創作に取り組めるようにするために，小学生と中学生との合同授業を設定した。「書く」ことの楽しさ，異校種間で共に学び合うことのよさを味わえるようにと願い，小学生と中学生とで小グループを作った。小学生は小学生の立場から，中学生は中学生の立場から意見を出し合い，互いのよさを認め合うことに主眼を置いた。教師は，子どもたちがそれぞれ「書くこと」に対して主体的に取り組めるように，必要に応じて個別の支援をしていった。

実践のポイント

ポイント①　プレパーティ　～顔合わせ，小学生作品の検討会～

小，中それぞれでグループ分けを行って組み合わせ，4～5人の小中合同グループを16班作成した。

プレパーティでは，まず，自己紹介とアイスブレイクを兼ね，小中ともに自分が書いてきた物語と詩の紹介をし合い，設定されたテーマでのフリートークを交えた交流を行った。

次に，各班小学生一人の作品をピックアップし，検討の対象とした。

感想や助言を付箋に書き出す

第一段階として行った物語創作であるため小学生の書いた作品を中学2年生がどう読み，どのような感想をいだくか，小学校教師と中学校教師とで，それぞれ机間支援を行いながら，実態把握に努めた。

グループの最初の顔合わせの様子が，後々の活動にまで大きく影響していくため，本単元では顔合わせの段階から，互いが物語創作を行う書き手として同列であるという状況設定をした。この状況設定によって，小学生中学生ともに，物語を創作していく上で必要に応じて助言をし合うという関係性の構築，グループで共に作品集を作り上げていくという意識付けを行った。

\\ポイント②// セカンドパーティ　～言葉あつめ，連想をひろげる～

　セカンドパーティでは，それぞれの班で選んだ題材について，そこからどのような言葉が連想されるか（言葉集め・ハンティング），どのようなストーリー展開が考えられるか，小中で作った小グループでの交流を通じて考えることをねらいとした。

　子どもたちは，一人ひとりの発想を掛け合わせていくことで，発想が豊かに広がっていく楽しさを味わっている様子が見て取れた。小学生と中学生とが同じ課題にフラットな立場で取り組む設定にしたことである種の気楽さが生まれ，ブレーンストーミングのような効果が生じたのだと推察される。

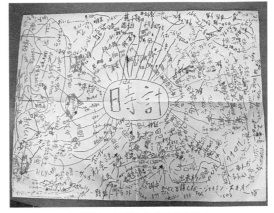

連想される言葉や表現を書き出す

　グループの誰かの言葉をつなげて，そこから考えられる言葉をさらに書きつなげていくことで話が思わぬ方向に展開していく，ということがあちらこちらのグループで起こった。紙に表されたのは断片的な言葉のやりとりだけではあるが，実際には子どもたちは，書きながらその何倍もの言葉のやりとりを行っている。また，中には意味的なつながりが生まれ，言葉を拾っていくだけでストーリーになっているようなものも見受けられた。

　セカンドパーティでの言葉集めを通じて，小学生は，中学生が書き込む語彙や視点に大いに刺激を受け，日常用いる語彙の範囲を押し広げることにもつながった。中学生は，小学生の柔軟な発想や，積極的に取り組む姿勢から，肯定的な影響を受けたことが事後の感想から多く読み取ることができた。

　セカンドパーティで広がったイメージは，その後の物語創作へと生きていくことになる。

指導のキー

従来のマインドマッピングの手法に加え，友達の書いた内容にさらに自分の発想を書き加えることを意識させた。一人の書いた発想は，他の子どもの発想を次々に生んでいくきっかけとなっていく。

\\ポイント③// 文壇パーティ　～作品の検討，読み合い～

　2度目に創作した作品を持ち寄り，小中合同の交流活動を行った。ここまでに何度も同じグループで活動を行ってきているため，スムーズに交流活動を開始することができた。

　この活動におけるねらいは，互いの作品を読み合って推敲し，最終的な清書へとつなげることである。

小学生は，自分が書いていて，迷ったところ，書きたかったけれど，今一つ表現しきれなかったことなどをグループメンバーに相談して改善点を探ること，中学生は小学生のもっている課題意識を踏まえたアドバイスをすることを意識して交流活動に臨んだ。

　字数制限を課したため，ダラダラと長く書き連ねることはできない。物語の設定，登場人物の紹介，ストーリー展開と構成，様々な工夫のしどころがあるため，グループ交流で得られた意見は，子どもたちにとって大きな成果となる。普段生活を共にしているクラスの友達や教師だけではなく，小学生は中学生に，中学生は小学生に自分の作品を読んでもらうという状況が，読み手を意識して書くことにつながっていった。

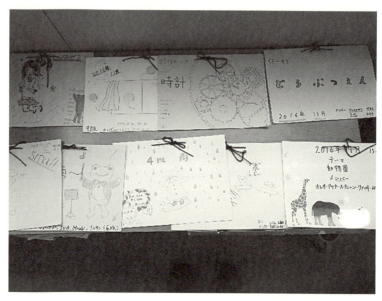

単元計画　（小学校全12時間　中学校全9時間）

時	小学校	合同	時	中学校
1時	学習の見通しをもつ テーマについて希望を話し合う		1時	教科書教材「海のハンカチ」（立原えりか）を読み表現技巧を学ぶ。
2時	一回目の創作活動を行う		2時	前時で学んだ表現技巧を用いて，物語（200字程度）を書く
3時		小中で作品を持ち寄り，小グループで読み合って検討し合う（プレパーティ）	3時	
4時	合同授業の成果を振り返る。		4時	合同授業を振り返り，成果と課題を自分たちなりに整理する。
5時		小中で小グループを作り，共通の題材を設定する。（ランチパーティ）	5時	
6時		テーマから発想を広げる。（セカンドパーティ）	6時	
7・8・9時	共通の題材に沿って二回目の創作活動を行う。		7時	作品を見る視点を確認し，創作のためのイメージメモを書く。
10時		小学生の作品を，小グループで読み合って批評し合う。（文壇パーティ）	8時	
11・12時	合同授業の成果を振り返り，作品の加筆修正と最終的な清書を行い，友だちと読み合う。		9時	合同授業の成果をいかし，共通の題材に沿って，作品創作を行い，交流する。
	事後：グループごとの作品集を図書館にコーナーを設置し，特設展示する。			

幼稚園

小学校

中学校

技術・家庭科／家庭分野・栄養

幼小中の家庭科の連携の工夫と実践

 ## 1 実践のねらい

家庭分野の幼小中学校の連携に関する研究は，次の4つの取り組みを中心に行っている。
1．カリキュラムの連携
2．幼稚園児と中学生の交流授業，小学生と中学生の交流授業
3．幼小中学校の教員の交流
4．他教科との連携授業

これまで，「家族・家庭と子どもの成長」は，幼稚園児と中学生の交流を中心に培ってきた。現在も本校では幼児とのふれあい体験に力を入れ交流・連携している。平成22年度からは，幼小中学校の縦のつながりをもつとともに，横のつながりとして他教科との連携を図っている。「食」を要として技術分野，国語科，社会科と，「幼児との交流」では美術科，図書館と連携して授業実践を行い知識理解に深化と発展がもてるよう取り組んでいる。

 ## 2 ねらいの実現のための連携の視点

①連携カリキュラム

家庭分野のカリキュラムは，竹早地区のカリキュラムモデルであるキーコンピテンシーの3つの視点，「他者と交流し，集団として高めあい，協同的に学ぶ力」「道具を活用する力」「自分あるいは集団の願いに基づき，判断する力」をもとに，よりよい生活のため，工夫し創造できる能力や実践的な態度を育成できるように工夫されている。

主体性を育む連携カリキュラムは，5年生から中学3年生の指導内容の連携を考えたものを作成している。さらに，国語（食文化），図書館（子どもの成長），給食（栄養，食文化）と，他教科や領域などとの連携も組み入れたものとしている。

②手立て

ⅰ) 幼小中学校の合同授業の取り組み
　ア,「中学生と幼児や小学校1年生との交流」（美術科，図書館司書と連携）
　1回目は，「おもちゃ」，2回目は「絵本」を通して交流する。中学生が幼児の学習

を行う目的は大きく2つある。一つ目は幼児に関心をもち，心身の発達の特徴や異世代の子どもとのコミュニケーションのとり方を工夫できるようになること。二つ目は自分自身の成長を振り返ることで家族やそれに代わる人々に支えられてきたことに気づき，今後のよりよい成長と家族について考えることである。おもちゃ作りは美術科と連携し，絵本は図書館司書と連携し読み聞かせの方法を学んでから行う。おもちゃを活用した交流授業は，本書実践P62，63を参照していただきたい。

イ．「保存食を作ろう」（技術分野，栄養教諭と連携）

技術分野で栽培したダイコンで，中学2年生と小学生（6年生や2年生）が保存食の切り干し大根を作り，それを使った料理を考え，調理して食べるという実践を行った。本実践では，中学生がすでに学習した内容を小学生に伝え，さらに内容を発展させる活動となるために，異学年と相互理解を深めることにより，主体性を育成することを目指している。本書実践P60，61を参照していただきたい。

ⅱ）他教科との連携

ア．「抹茶を飲もう」（国語科と連携）

食文化を理解するための題材として，抹茶の作法と和菓子の特徴を学ぶ。和菓子の名前に季節感のある言葉が選ばれていたり，古典に由来する言葉が選ばれていることから，国語科と連携して生活文化としての和菓子の理解を深化させる工夫をする。

和菓子例：鶯宿梅（おうしゅくばい）（大鏡より）　早蕨（さわらび）（早春の季語）

イ．「100円朝食を作ろう」（社会科と連携）

献立学習で，栄養のバランスを考え，さらに経済面からも献立を考えさせた。社会科で，絶対的貧困について考え，家庭の収入の仕組みや食費の割合について学習した後，家庭科分野では，限られた収入の中で献立をたて，調理する。

3 実践の成果

園児や児童との交流を経て，普段は会話が苦手な生徒も，にこやかに幼児と接している姿があり，生徒が幼児（年の離れた子ども）に対するいとおしさや理解を深めている様子が見られた。おもちゃの遊び方を幼児と考え，もっと楽しめる工夫を一緒にしている姿も見られた。他教科との連携では，かぎられた時間を実習に使うことができ，教科を横断して学習することで考察を深めることができていた。

（文責：酒井　やよい）

実践

小学校6年・中学校2年
「保存食を作って食べてみよう」
～小学6年生と中学2年生との協同作業を通して保存食の意義を学ぼう～

指導者〉酒井 やよい・福地 香代子

実践のねらい

☆日本の食文化の一つである「保存食」について学ぶことで，よりよい生活のために工夫し，創造できる能力や実践的な態度を育む。
①保存食の分類や種類を知り，保存食の重要性に気づくことができる。
②切り干し大根を作ることで，食材を無駄なく活用するための工夫ができる。
③切り干し大根を使った料理を作り，自分の食生活に生かすことができる。

実践のポイント

ポイント①　交流昼食会を行い，お互いを知る

竹早地区では，中学生の約半数が小学校からの進学者であり，元々，小中のつながりは密接であったが，幼小中連携研究の進行に合わせて，さらに積極的に異校種間（幼小中）の交流を深めている。

今回の授業に際し，活動の前に少しでもお互いを知り，理解しあうために，事前に決めておいた児童・生徒混合の班でお弁当を食べながら自己紹介を行った。以後，全てこの班で活動することになる。

ポイント②　切り干し大根を作る

中学2年生が育てたダイコンを6年生がピーラーを使ってリボン状に剝いた。その

後，専用網に広げて約1週間乾燥させ，切り干し大根を完成させた。これまで家庭などでピーラーを使って人参やじゃがいもの皮を剝いたことはあっても，ダイコンのような太くて長いものを剝く経験がない児童が多く，はじめはピーラーの使い方に苦戦していたが，各班で試行錯誤しながら剝き方を工夫し，最終的に，切り干し大根に適した剝き方ができるようになった。

ポイント③　切り干し大根を使った料理を考える

まず，（1）保存食にはどのようなものがあるか，（2）保存を高めるための工夫，

（3）保存食の利点について考え，保存食の重要性に気づかせた。

　次にタブレット端末を使い，「切り干し大根の料理レシピ」を検索して，各班で作る料理を決定し，材料，分量，作り方を計画書にまとめた。中学生が中心となり，自分たちがすでに学習した知識を小学生に伝えながら，班ごとに特徴ある料理を作ろうと意欲的に活動を進めていった。

指導のキー

保存食は，自然を尊重する心を大切にした『和食』にとって欠かすことのできない食材であること，また，災害時にも活用できることに気づかせた。

ポイント④　計画に基づいて，班で協力して調理し，試食，評価する

　前時の計画書に基づいて調理を行った。前時と同じように中学生が中心となり，小学生に的確な指示を出し，小学生はその指示に従って，自分の役割を果たす様子が見られた。小学生は，集団の中で自分が役に立てるよう努力し，中学生は，小学生から認められるよう積極的に活動を行っていた。

《実際の料理例》
- ・切り干し大根のだし巻き卵
- ・切り干し大根と豚肉のエスニック炒め
- ・切り干し大根もち
- ・切り干し大根とトマトの生姜ポン酢和え
- ・切り干し大根のかき揚げ
- ・切り干し大根とベーコンソテー

子どもの学ぶ姿

（1）協同的に学ぶ力を身につけ，異学年との相互理解が深まる姿，（2）自分の食生活に生かすために，工夫しようとする姿が見られた。

〜子どもたちの振り返りより〜

小学生　「中学生は自分たちよりも冷静で行動が早い」「とても頼もしく，尊敬できる」「これから中学生になる自分もこのくらいの人間にならないといけない」「これを機に，おいしい料理を作れるようにがんばりたい」

中学生　「指示をよく聞き，積極的に動いてくれたのでやりやすかった」「うまくコミュニケーションをとりながら楽しく活動できた」「作れる料理が増えてよかった。やってみたい」

実践

中学校3年
「幼児とのふれあい体験学習」
〜幼児の理解とコミュニケーションの工夫〜

指導者 酒井 やよい

🚩 実践のねらい

☆幼児の生活の指導について，次のことをねらいとして実践活動を行った。
①幼児の心身の発達について理解し，発達には個人差があることに気づく。
②幼児と触れ合う体験を通して幼児への関心を深め，自分なりの課題をもち，状況に応じた関わり方を工夫できるようにする。
③体験を振り返ることで，さらに幼児への理解を深める。

🚩 実践のポイント

ポイント①　ふれあい体験に向けて，幼児の特徴や生活を理解する。

幼児の心身の発達と生活の特徴や幼児の遊びの意義について，教科書，VTRやワークシートから学ぶ。自分の幼い頃の様子について家族から聞き取り，それををまとめるなどして幼児の特徴を理解し，幼児と交流するときに配慮すべきことを考えさせる。

ポイント②　おもちゃの制作（美術科と連携）

おもちゃは，中学2年生の美術の授業で6時間かけて作る。家庭科で学習したことをふまえ幼児の遊び道具にふさわしいものを意識する。

作品例：回転寿司，パズル，コリントゲーム，おもしろけん玉，輪投げ，操り人形，バスケットボールのかご，自動車など

ポイント③　幼児と交流しよう

○場所：中学校の武道館（柔道場と剣道場）
○日時：6月の家庭科の時間（50分）
1　招待状を作る（事前の準備）
　中学校の武道館（剣道場と柔道場）で交流するので，ペアの園児に招待状を作り，渡す。内容は，○○ちゃんへ，時間・場所，自分の名前を必須とし，イラストを描き，一言を添える。交流前日の昼休みに園を訪ね，技術・家庭科係から園児たちに手渡す。

指導のキー 🔑

幼児と交流するときには，制作したおもちゃや好きな絵本を持参し，接し方や話し方，遊びなどを工夫し活動する。幼児と交流する良さに気づき，積極的な関心を得られるようにする。

2　園児と交流する

自分なりの課題をもち，制作したおもちゃを持って，園児と交流する。

①中学生は体育着に着替え武道場に集合。
②中学生と幼児が対面し，係が「始めの挨拶（全体）」をする。
③中学生が幼児の名前を呼び，ペアをつくる。
④ペアごとに分かれて交流活動をする。

はじめにお互いを知るための時間をとり，美術の授業で作ったおもちゃを使って遊ぶ。徐々に集団は大きくなるが，幼児が気に入ったおもちゃで，やりたいことができるよう配慮しながら，活動する。

⑤係が「終わりの挨拶（全体）」をする。

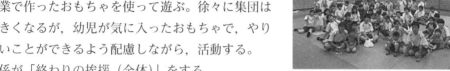

ポイント④　交流を振り返る

体験したことを振り返り，グループごとに，仲良くなるために工夫したこと，困ったこととそのときの対処法，幼児の心身の特徴など気づいたことを話し合う。

※交流は，一回で終わらせずに継続的にできるよう工夫する。

生徒の学ぶ姿

交流会の最後には，中学生の膝に幼児がすわったり，中学生が幼児をおんぶしたりして，挨拶を聞いている様子が見られた。最後に幼児から「好き好き大好き」の合唱のプレゼントがあり，中学生が微笑みながら聞いている様子や，自然と互いの距離が近づき，楽しく交流できたことが見取れた。後日，幼児から心のこもったカードが届き，中学生の幼児に対する気持ちが強まり，幼児にとって優しく，いろいろなことのできる中学生はあこがれである。10年前に園児としてこの交流会を経験した生徒が中学生として関わる成長した姿がみられた。

生徒が創る運動会
～熱い競技と主体的な係活動から～

　竹早中学校では3学年4学級を縦割りし，赤・青・黄・緑の四色対抗で競技を行う。縦のつながりが密なので全校種目「ムカデと因幡の白ウサギ」の盛り上がりは大変なものだ。朝練，昼練と時間の許す限り，生徒は汗だくになりながら練習に励む。先輩から後輩へ，ハチマキの結び方，並び方，掛け声の出し方，時に寄り添いながら，ときに檄を飛ばしながらの指導が続く。このとき，つながれるのはムカデからムカデへと送られる襷だけでなく，運動会に対する熱い思いである。見様見真似で，言われたことをこなすだけで精一杯だった1年生が3年生になると，後輩の手を引き，背中を押し，懸命に励ます。競技に対して懸命に取り組むこうした姿は，係活動においても随所に見られる。

　本校では，運動会準備委員会（通称「運準」）が中心となり，応援・審判・用具・得点・保健・招集・会場・音楽係が活動する。この係には全校生徒が所属し，例えば，審判係は反則の有無をチェックしたり，着順判定を行ったりする。それを元にした得点原簿は得点係に引き継がれ，得点の集計・掲示を行い，放送係がそれらをアナウンスする。このような各係の連携を束ねるのが「運準」である。運準は，係会議の計画・運営，競技内容・反則事項の検討，演技図・招集名簿の作成，練習の計画・運営，プログラム作成など運動会の骨組みをしていく。年によっては，種目を変更するため，一から競技内容を考え，安全面や勝敗の明確さ，観客から見た分かりやすさ，得点割合など協議し，シミュレーションを重ねる。準備期間が短いため，教師主導で「これをやりなさい」「こうしなさい」と言って進めた方が何倍も効率的であるが，本校の運動会はあくまでも「生徒が創る運動会」である。自分たちが創る自分たちの運動会に誇りをもって競技にも係活動にも全力で取り組む生徒とそれを期待し，支える教員がいるからこそ，毎年，大きな感動が生まれるのである。

（文責：横山　晶）

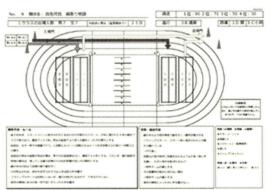

中学生の手作りおもちゃで遊ぼう
～中学生との交流体験から自分たちの遊びへ～
幼稚園4歳児学年はな組

「○○ちゃん，私のつくったおもちゃで一緒に遊びませんか？」竹早中学校の3年生が一人一人の名前の入った招待状をもって幼稚園にやってきました。かわいく描かれたカードに幼稚園の子どもたちの目はキラキラ。初めて幼児と触れ合う中学生の目もキラキラ。中学生が美術科の授業で作ったおもちゃを使って，幼児とペアになり一緒に遊ぶという家庭

科の保育実習の授業です。幼稚園の子どもたちは初めて行く中学校に少し緊張しながらもお兄さんお姉さんに手をつないでもらうと安心した顔になりました。それぞれ幼児の遊ぶ姿をイメージして工夫されたおもちゃで30分，楽しく遊びました。幼稚園の子どもの反応にうれしそうな顔を見せる中学生。膝に乗ってうれしそうに笑う幼稚園の子どもたち。あたたかい空気が流れました。

幼稚園に戻ると子どもたちは「さっきお兄さんが作ってくれたみたいなのを作りたい」と早速，自分の遊びに取り入れようとします。立てた箱の中をビー玉が転がるゲームを作りたいとのこと。幼稚園にあって幼児が扱える材料で，中学生と遊んだおもちゃを再現。その様子を中学校の先生も見に来てくれて「すごいな，自分で作ったの？」とほめられうれしそうな子どもたちでした。　　　（文責：八木 亜弥子）

たけのこタイム・マイタイム
~自分の興味を自分のやり方で追究する時間~

　たけのこタイム，およびマイタイムは，竹早小学校ならではの活動といえる。この活動は，自分の本当にやりたいことを見つけ，それにじっくりとひたることができる時間である。1年生から3年生までは各学年毎に時間を設定し，「マイタイム」として活動している。4年生から6年生までは，3学年合同で「たけのこタイム」を設定し，活動する。やりたいことがたとえ自分一人であっても，他のメンバーは知らない人ばかりであっても，自分の興味・関心に向き合い，それを大切に育ててほしいという教師の願いのこめられた時間である。

　マイタイムは20～30分，たけのこタイムは100分ずつの時間が確保されている。たけのこタイムは，まずやってみたい活動について児童が計画を立て，提案する。それに賛同する児童がメンバーとして集まり，当日実際に活動していく。それぞれの活動には担当教師がつき，子どもが計画に沿って自ら活動を進めていく様子を見守る。そして，必要な場面では支援を行い，トラブルの解決を支えている。活動終了後に児童が書く感想カードに担当教員からコメントも添え，児童が次回のめあてをたてる支えとしている。

（文責：窪田　美紀）

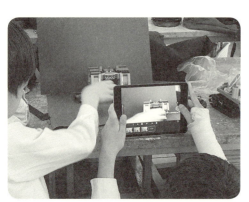
コマ撮りに挑戦

カプラでじっくり

みんなで卓球

自分の好きなソーイング

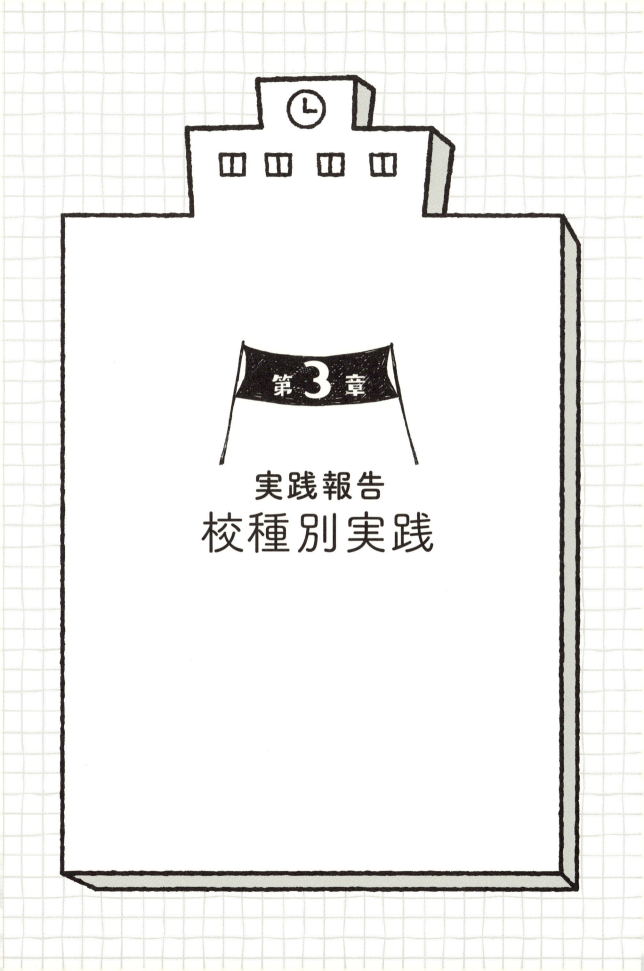

社会科

「他人事」から「自分事」へ
社会を追究する目を育てる小中連携の授業

1 実践のねらい

　竹早地区社会科では「育てたい子ども像」を小学校・中学校で共有し，「よりよい社会を目指して行動に移す実践的な資質」をどう育てることができるのか，それらを連携授業を通してどのように育むことができるのかを検証してきた。小中で「育てたい子ども像」に共通する要素として以下の2点を挙げることができる。

> 社会科で育てたい子ども像【共通理解】
> ●社会のあり方や自己の生き方を自省的なまなざしで振り返る力をもつ子ども
> ●他者の考えを受け止め，相互啓発的な関係を築き合う力をもつ子ども

　このような資質を育むには，子どもが主体的に学ぶ場を確保しなければならない。そこで，活動・授業で取り扱う社会的事象に子どもが向き合う際，それぞれの校種の発達段階に即してどのような教材を選択し，その提示の仕方にどのような工夫をするべきなのか。それらが首尾よく展開されたときに主体的な学びが生み出されると考えている。

2 ねらいの実現のための連携の視点

①連携カリキュラム

　竹早地区の小中連携社会科カリキュラムの取り組みは，「社会認識の発達研究」を土台に，「社会科で育てたい子ども像」の共通理解を深め，発達段階ごとの「認識・探究の特色と指導の重点」の仮説の提起によって「連携カリキュラム」として結実し，現在の「主体性を育てる具体的な手立て」の開発・検証へと続いてきた。連携カリキュラムの作成にあたって，次第に，教材だけでなく，その扱い方・指導法においても小中の違いを意識した実践を行うようになった。小中の双方の教員が単元の構想段階から指導計画・指導案の作成に至るまで小中連携研究会の場において議論を重ねることによって，よりよいアイデアや連携の方策が模索されてきた。
　「連携カリキュラム」は，小中で扱う単元を網羅したものではないが，「具体的な手立て」＝指導法という視点からの連携を模索していくことで，異なる社会事象を扱う単元であっても，それぞれの発達段階での指導法の違いとつながりなどに着目しながら，子どもたちが自ら学び，その思考を深め合う協働的な活動の場をつくっていきたいと考えている。

②手立て

　小中で連携した授業を構想するには，扱う教材はもちろん，その指導の手立ても共有することが重要である。そこで社会科で扱う学習課題を選択するにあたり，子どもたちにとって身近にあるものや出来事，解決しなければならないと感じることができる課題の提示や共通理解などを「①社会的関心」で行う。次に，「②資料の収集・選択・活用」では，「①社会的関心」で喚起された疑問などをもとに子どもたちが自ら調べていくことを通して，課題や疑問を探究していく。「③考察・理解」では，それまで調べてきて分かったことなどをもとに，子どもたち自身の言葉で再構成し，社会的事象に対しての理解を深めていく。「④表現・異なる意見の受け止め」では，それまでの学習で考察した事柄を伝え合う中で，自分と他者との考えの違いを感じたり，判断の根拠の違いに触れたりすることで，社会的事象に対する自分の考えを見直し，自ら学びを深めさせていくことを想定している。「⑤自分事・価値認識・新たな探究課題」では，学習内容に関わる社会的事象について自分事として捉え，学習によって得られた理解や考えをもとに自分の中にあった考え（価値）を変容・深めさせていく姿を想定している。子どもたちがそれぞれの価値をぶつけ合うことで，新たな価値を見いだしていったり，その過程の中で「自分なら」という視点がさらに付け加えられていったりすることが考えられる。また，新たな価値と出会う中でまた新たな課題や疑問が生まれ，学びが再スタートすることもあるだろう。このような学びの姿を目指して学習をまとめていくことが大切だと考えている。

3 実践の成果

　小学校の実践では製本づくりの現場に焦点を当てる。図書館司書の読み聞かせと，本づくりの基本を説明してもらいながら，一冊の本がつくられるまでの過程を学習していく。その中で子どもたちは折り本工場の見学や働く人との交流を経て，手作業の温かさに触れ，その職人気質とものづくりへの情熱に心を揺さぶられていく。こうした活動が子どもたちの心の変容をもたらすことが研究から明らかになっている。

　一方中学校の実践では，広島の土砂災害を自然災害ではなく，"人災"の側面から課題を見いだす実践である。丘陵地帯を宅地開発した広島の土砂災害は"広島ショック"と呼ばれるように日本全国に同様の被害が想定される災害である。その意味で，防災・安全を守るべき立場の行政や宅地開発に携わる企業のあり方に疑問をもたせ，責任の所在を追究する中で次第に土砂災害の問題を自分事として考えられるような取り組みを行っている。小学校と同様に問題解決の思考枠組みとして当事者意識をどのように醸成していくかが焦点となる。両者の実践は学習年齢が異なり，単元の内容で重なる部分も少ないが，生活に身近な題材や，影響力の大きい社会問題を取り上げながらその課題の解決に先進的な事例を思考枠組みとして活用するという点で共通する部分がある。その思考をどのように深化させていくのか，どのような学びの手立てが有効か，その点での連携が今後の課題である。

（文責：上園　悦史）

実践 小学校3年

「1さつの本ができるまで」

指導者 宮田 諭志

 ## 実践のねらい

☆本づくりに携わる人々の働きや思いを知り，自分の生活を見つめ直す。
①子どもの生活経験や体験的な活動を生かして，探求心を引き出す。
②見学したり調べたりして得た事実を丁寧に整理し，全体で共有する。
③本に込められた働く人たちの思いを，学習経験を踏まえて考えさせる。

 ## 実践のポイント

ポイント① 体験的な学習で探求心を高める

単元の導入では，図書館司書に読み聞かせと，「奥付」についての説明をしていただいた。「製本って何だろう」「そういえば町探検で，印刷している工場を見たよ」子どもたちは，本づくりに携わる人に目を向け始める。本づくりについて調べていくと，一冊の本ができるまでには様々な工程があり，それらをいくつかの工場で分担していることが分かる。その中の一つ「折り本工場」について，見学に行く前に「たくさんのページが印

折り本の体験の様子

刷された紙を，順番通りになるように折ってみよう」という活動を設定した。ここでは，あらかじめ折り本工場の方に分けてもらった実際の用紙を使う。子どもたちは試行錯誤しながら，紙を折っていく。やっとの思いで順番通りに折ることができるが，その出来栄えには首をかしげてしまう。すると，子どもたちは"工場で行われていることが知りたくて仕方がない"といった様子になっていく。体験的な活動を意図的・計画的に設定していくことで探求心が高まり，その後の学習が主体的なものになっていくことがうかがえた場面であった。

ポイント② 子どもと教師が協同して事実を捉える

最近の子どもたちは，大抵のものはオートメーション化された工場によって作られていると考える傾向にある。しかし，実際には手作業でなければできない工程が存在する。さらに，機械での作業も人が何らかの形で関わっている。印刷，折り本，製本

所の見学後，子どもたちが見てきたこと・聞いてきたことを十分に出し合う時間を確保した。それらの事実を全ての児童が理解することができるよう，教師は間に入って整理したり補足したりしていく。すると，「ほとんど機械と思っていたけど，思っていたよりも手作業が多いな」「紙を切ったり折ったりするときに，きちんと揃うようにすごく気を使っていた」「マンガとかのカバーをすぐ捨てたりしていたけど，手作業でつけているところを見ると何だか捨てたくなくなる」など，ものづくりに対する考えを更新しようとしたり，自分の生活を振り返ろうとしたりする姿が現れてくる。

また，こうして獲得していった事実や気づきを常に確認したり，自分の意見の根拠として活用したりすることができるよう，掲示物も作成した。子どもたちの貴重な経験が一人ひとりの内面にしっかりと根付くよう，授業中の関わりだけでなく，環境面からも支援していった。

学習の流れと子どもの発言をまとめた提示物

指導のキー 🗝

子どもたちが見聞きしてきた事実を，分かりやすく，丁寧に整理して全体で共有することで，気づきや考えを互いに理解したり深めたりすることができる土壌をつくる

\\ ポイント③ // 働く人の思いに寄り添う

子どもたちは，本づくりに携わる方たちと関わる中で，働く人それぞれが自分の仕事に対して確かな技術と高い志をもって取り組んでいることに気づいていった。ある子は，製本所で「信頼できる会社にしか仕事をお願いしない」と聞いたことから，みんながいい本を作りたいという願いでつながっていると考えた。また，工場同士が互いに深く関わって本づくりをしている様子を「チームワーク」と表現する子もいた。中には，奥付に折り本工場の名前が載っていないことに疑念を抱き，「あんなに一生懸命働いているのに，名前が載らないなんておかしい」と，働く人の姿を見てきたからこそ抱く強い思いをぶつける子もいた。確かな事実から1冊の本に込められた思いを考える中で，ものづくりに携わる人たちに対する認識の深まりが見られた。

子どもの学ぶ姿

（学習感想より）
- 学習する前は一つの会社で作っていると思ったけど，今ではたくさんの会社が協力して1冊の本を作っているんだなと思えます。
- 本はたくさん旅をしていて，本づくりをしている方たちが，いい本を作ってくれていることが分かったから，本を大事にしようと思った。

実践　中学校1年
「気象災害は防げないか？
～2014広島土砂災害を例に～」

指導者　石戸谷 浩美

 ### 実践のねらい

☆日本の自然環境の学習を，他人事ではなく自分たちの問題として考えさせるために，自然災害の背景に注目させる。①「天災」の側面だけでなく，被害を拡大させた「人災」の側面にも目を向けさせ，住民や国・自治体はそれまで何をしてきたかを知り，今後の教訓を考えさせる。②グループ活動による生徒同士の意見交換を活発に行い，様々な情報や異なる意見を受け止めて，根拠をもって自分の意見を言える生徒に育てたい。

> 「日本の自然環境と災害」（地図学習を含む）
> 　　　　　　　　　　単元計画（8時間構成）
> 1 日本の地形が複雑なのはなぜか？
> 2 日本の気候～なぜ四季があるのか？
> 3 地域で異なる気候～気象災害はなぜ？どこで？
> 4 気象災害は防げないか？
> 5 災害を防ぐ・減らすには？
> 6 地震と津波は防げない！～東日本大震災を例に
> 7 地形図から分かること～地形図の約束，白馬村
> 8 地形図から地域調査へ～白馬村2014神城断層地震

 ### 実践のポイント

ポイント①　気象災害はなぜ？～事実の把握と個人の感想（第3時）

まず，東京の四季との比較から，日本の気候区分を概観させ，気象災害も地域によって特色が異なることを確認した後，集中豪雨による土砂災害の例として，2014年に起こった広島土砂災害を取り上げたテレビ番組を視聴させて，感想を書かせた（テレビ朝日系「テレメンタリー2014　家はなぜ"谷"に建ったのか」2014年11月放送，の一部）。生徒の感想には，「谷に住宅が建つようになった」のは「県営住宅が建ったからで，災害の責任は県にある」とか，「過去に土石流があったことを知っていたのか」「なぜ谷に住宅を建てたのか」という住民への疑問，「土地が安いからといって…」「歴史に学ばない」「山地を切りひらく人間の身勝手な行動」など，住民や県の姿勢を批判する声も見られた。

\\ ポイント② // 気象災害は防げないか？〜新たな事実の把握と意見交流（第4時）

　最初に，前時のビデオの感想を班ごとに交流し，県の責任を問うものが多数あったことを挙手で確認した。続いて，災害当日は異常な雨量だったことや避難勧告の遅れなどを新聞記事で紹介した後，2つ目のビデオを見せた（「NHKスペシャル"夢の丘"は危険地帯だった」2014年11月）。番組では，1969年の都市計画法に基づく「市街化区域」の線引きに関して，地主たちが今回の災害現場付近の土地を高く売れるようにと，都市化を進めやすい「市街化区域」にすることを要求したことや，2000年の土砂災害防止法に基づく「災害警戒区域」の指定が，住民の反発を恐れてなかなか進まなかったことなど，当時の広島県の担当者らの証言を紹介している。担当者が当時を振り返り，危険地帯なのに開発を止められず，今回の災害を防げなかったと涙を流す場面も出てくる。

　そして，「今回の災害の責任は誰か」について，自然，住民，地主，県・市などを例に挙げて，個人で順位をつけさせ，班でホワイトボードにまとめさせた。話し合いは活発に行われて，全班のボードが出そろったところで授業は終了した。

指導のキー 🗝

- 災害の実態と背景について，新聞記事とテレビ番組を活用してリアルに伝える。
- 人災の複合的要因を，個人→班のホワイトボード→全体で交流・共有させる。

🚩 災害を防ぐ・減らすには？〜意見交流から全体の把握〜（第5時）

　前時のホワイトボードの画像を全員に配布し，共有した後，あらためて今回の災害の責任の構図として，地主，住民，県や市という三者の関係について，それぞれ他の二者に対してどんな責任があったかを班で話し合い，新たにホワイトボードにまとめさせた。授業者から「土地の売買は経済活動として自由であること」「それを制限できるのは行政であり，大切なのは住民の命を守ることだ」と話して，最後に「災害を防ぐ・減らすために」を各自記述させて終了した。

生徒の学ぶ姿（第5時の感想から）

　この授業で，どの立場の人たちにもよくない部分があるんだなと思いました。利益を求めて危険性を無視する業者，その業者の抗議によく影響を受ける市や県，彼らの言葉をうのみにする住民。今必要なのは「自分で動く」ことだと思います。自分で「それは安全か」を見極めたり，「危険そうだから自主避難する」など，一番の頼りである「自分の感覚」で動くことで，この災害はもっと小さくなるのではないでしょうか。

> ## 算数・数学科

観察や操作を通して，
図形の観念を育む指導

1 実践のねらい

　本稿では，次の2つの実践を紹介する。
・小学校「つんでつくろう」（小学校1年生）
・中学校「投影図を使って正四角錐の側面の辺の長さを求める」（中学校1年生）
　前者の実践のねらいは，身の回りにあるものを組み合わせて新たな図形をつくる活動を通して，出来上がったいくつもの「もの」を「図形」として認識し，それを構成する面やその図形のもつ機能的な特徴などに着目してそれらを弁別できるようになることである。後者の実践のねらいは，空間図形を観察し，その図形の構成要素の特徴を的確に平面上に表すための方法を考えることを通して，空間図形の特徴を把握する力を育てることである。

2 ねらいの実現のための連携の視点

①連携カリキュラム

　竹早小学校・中学校の算数・数学科の連携カリキュラムは，「数と式」「図形」「関数」「統計」「量と測定」の5領域から成り立っている。ここでは，本稿で紹介する2つの実践に合わせて，「図形」領域の構成と，2つの実践が「図形」領域のどこに位置づけられるのかを述べる。
　「図形」領域は，「豊かな図形の見方ができ，図形の性質を論理的に考えたり，表現したり，活用したりすることができる子」の育成を目標にして考えられた。小学校，中学校いずれも，学習指導要領の図形領域と同じ内容が含まれている。「図形」領域を構成する要素として，子どもたちが図形に関わる探究をするときの活動をもとに，次の3項目[1]を設定した。
　　「観察・構成」：ある観点や目的をもって図形を観察・構成する活動
　　「説明・証明」：既知の知識を根拠に，図形の性質を説明・証明する活動
　　「計量」：図形の性質を生かして，図形に関わる量を計量する活動
　本稿で紹介する2つの実践は，上記の3つのうち，「観察・構成」の項目の内容にあたるものが中心である。ただし，授業の展開上，子どもたちの対話や説明が中心となるので，「説明・証明」の内容も含む。また，中学校の実践では，「計量」の内容も含んでいる。

＊１　小学校のカリキュラムでは「計量」の項目を設定せず，２項目で構成している。

②手立て

　授業の目標を達成するための，小学校と中学校で連携して取り組んでいるいくつかの「手立て」のうち，本稿で紹介する２つの実践で用いられたものを挙げる。

ア　身近な題材を用いて子どもの興味・関心を高めること

　小学校の実践では子どもたちが家庭から持ち寄った菓子の容器を用いたり，中学校の実践では導入でクリスマスツリーのイルミネーションの写真を見せたりするなど，身近な題材をもとにして子どもの興味・関心を高め，問題に必要感を抱かせるよう工夫していた。

イ　作業を通して具体的に思考すること

　小学校の実践では，菓子の容器を積んだり並べたりしていろいろな形をつくる作業を通して，自分たちで作った具体物の「形」に着目できるよう働きかけていた。中学校の実践では，子ども一人ひとりにフレーム型正四角錐模型を配り，それを直接観察しながら投影図に表す作業ができるようにしていた。このように，目の前の具体物を使った作業を通して思考を進めることができるよう工夫していた。

ウ　話し合いや説明を通して概念の外延を明確にしたり論理的に思考したりすること

　小学校の実践では，教師の適確な問いかけに子どもが答えることや子ども同士の話し合いを通して，徐々に図形の概念の外延を明確にできるように働きかけていた。中学校の実践では，イで述べた作業を通して，立体とその投影図との関係を，子ども同士で話し合ったり，皆の前で意見を発表したりすることによって，論理的に思考を進めることができるようにしていた。このように，教師と子ども，子どもと子どもの話し合いや説明を通して，思考が深まるように工夫していた。

３　実践の成果

　小学校の実践では，子どもたちが徐々に作品を図形として認識し，その構成要素の概念の外延を明確にしていく様子がうかがえた。また，概念の内包に迫る観点も現れた。中学校の実践では，立体と投影図の関係を考察しながら，それらの特徴を明らかにし，問題の解決へと向かう姿が見られた。

　より具体的な成果については，各実践の報告を参照されたい。

（文責：鈴木　裕）

実践

小学校1年

「つんでつくろう」

指導者 山田 剛史

 実践のねらい

☆身の回りの物の形で遊ぶ場をつくることで，子どもが主体性を発揮しながら形を認め，立体を構成する面の形や，立体の特徴や機能に着目して弁別する。

 実践のポイント

ポイント① 作品作りに没頭させる

子どもが互いに形について言葉で伝える機会を少しでも多くするために4人班を編成して「いろいろな形をつくる」活動を始める。材料は子どもたちが家庭から持ち寄ったお菓子の入れ物である。また，材料をはさみやのり・テープ・ステイプラーで加工せずに積んだり並べたりして作ることをルールとした。

作り始めた子どもたちは，筒など円柱形のものを柱のように立てたり，ボールを興味本位で持ってきたが使うことを諦めたりしていた。

教師は「これは何かな？」と問い，作った形全体やその一部を何に見立てているかを班の中で共有するようにする。その上で，子どもが作品全体を電車などに見立てて説明したときに「そういう形をしているね」と"形"という言葉を教師は積極的に使う。

指導のキー

色や材質等ではなく，形を扱っていることをはっきりさせる。

ポイント② 写真を使って作品の発表

作品を班ごとに発表する場を設ける。発表は前時の最後に撮影した写真を用いて行い，この発表で意見を交流した後に，再度形作りに取り組むようにする。その発表の中で教師が問うことで形について理解を深める。右の写真の作

品「すべりだい」であれば，並んでいるカップの材質がプラスチックと紙であることから「2つのコップがプラスチックと紙だけどいいの？」と指摘することで，子どもから「紙でもプラスチックでも，形が一緒」という発言を引き出すようなことをする。次の写真のような作品「タワー」であれば「どうしてこうやって積んだのかな？」と

教師が問い，直方体は置く向きを変えると高さが違ったり，立つときの安定感が変わったりすることを子どもたちが説明するようにするのである。さらに，下の「ふね」であれば矢印で示す煙突の煙を表したボールについて以下のようなやりとりが考えられる。

> T：なぜボールを蓋のない筒の上に置いたのかな？
> C：転がっちゃうから。
> C：平らなところに丸をくっつけちゃうと転がっちゃう。
> C：蓋がないと，すぽっとはまるから。

子どもの学ぶ姿

形をつくり，発表したり発表を聞いたりすることを繰り返す中で，子どもたちは形の面や機能に目を向けていく。

ポイント③　材料（身の回りのもの）を仲間に分けて片付ける

作品作りと発表を繰り返し行うため，子どもたちが材料を用いて何度も新しい作品を作ることになる。そこで，欲しい材料を取りやすくするために形で分けて片付けておくという活動が生まれる。

4人班で材料を形で仲間分けした後，クラスでどのように形を仲間分けするかを話し合う。結果として，「まる・つつ・はこ」などに分けられることが考えられるが，大切なことは仲間分けの結果ではない。

ボールやプリンカップやヨーグルトカップが「つつ」の仲間に入るかどうかが話題になった場合，子どもから「ボールは丸いから，ここも丸いから（円柱の底面），仲間なんだと思う」「筒はこういう感じで（サランラップの芯をもちながら）細長いのが多いけど，これ（ボール）は細くもないし，平らのところもないから，まる」「ボールは筒の仲間だよ。だって，ボールは転がる」などの発言があるだろう。このような「転がる・転がらない」「細い・細くない」「丸い・丸くない」など，形を捉える観点を大切に扱い，子どもが仲間に分けて片付けられるようにする。

指導のキー

形の仲間分けは，「ましかく・ながしかく・つつ・まる」などと結果を固定せずに，子どもが認めている形を捉える観点に基づいて行う。

実践

中学校1年
「投影図の活用『正四角錐の側面の辺の長さを求める』」

指導者〉小野田 啓子

 実践のねらい

☆空間の図形を投影図や断面図，展開図等の平面に表して空間を把握する力を育てることをねらいとして，学習を進めていく。
①考える必要感をもって問題を捉えさせる。
②立体をいろいろな方向から見て，視線と立体の辺の位置関係を確認させる。
③投影図と立体との関係を説明する活動を通して，理解を深めさせる。

 実践のポイント

ポイント①　考える必要感をもって問題を捉える！

写真を黒板に提示し，模型を使って問題の把握を行う。身の回りにある実際のイルミネーションを題材として，解決する問題を設定した。

> 高さが7.5m，底面の正方形の1辺が5.5mの正四角すいのツリーの側面の辺を飾るリボンの長さを知りたい。投影図をかいて求めてみよう。正四角すいは，O-ABCDと表すことにする。

ポイント②　立体をいろいろな方向から見て，視線と立体の辺の位置関係を確認しよう！

生徒一人ひとりに，フレーム型正四角錐模型を配り，各自が観察できるようにする。まず，3分程度の考える時間をとる。手がつかない生徒には，模型をどの方向から見れば，側面の二等辺三角形の等辺が実際の長さに見えるか調べてみるよう助言する。各自模型の置き方が決まってきた頃に，実物投影機でどの方向から見て図を描こうとしているか，生徒に説明してもらう。それをもとに，全体で確認を行う。

> T：今の段階で，みんなどんな図を描いているか聞いていいかな。
> S1：こう斜めにした図。さっきこう描いていたんですけど，なんか立面図がうまくいきそうになかったので斜めにしました。

ポイント③ 投影図と立体との関係を説明する活動を通して，理解を深める！

生徒に，図を板書してもらう。同時に，隣同士で質問や説明活動を促す。この授業では，2つの図のうち片方の図が誤りであることに気づいて，その理由が分かることが大事である。間違った図は，どの生徒も最初に考えがちな図である。なぜ違っているのかが，生徒にとって疑問として浮き上がってくる。そこを思考が深まる場として設定し，生徒の発言を促す。

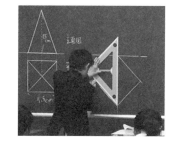

T：（黒板の図）右でいい？どうして左はだめなの？左じゃないと思う人？
S2：この左の立面図は，底辺の中点と頂点を垂直に切ったときの切断面になっているので，ここの8cmは側面の二等辺三角形の高さになっている。
S（全体）：あぁー。

指導のキー 🗝

図と模型を行き来させて，視線と辺の位置関係を確認させる。
正しい理由，誤っている理由を，今までの学習内容から考えさせる。
自分の考え，友達の考え，学習のまとめ・感想を書かせる。

生徒の学ぶ姿

正しい図の理由と，誤っている図の理由を，生徒が行う説明で確認して終わることができた。ワークシートに，本時の活動とその生徒の考えとまとめが見られる。

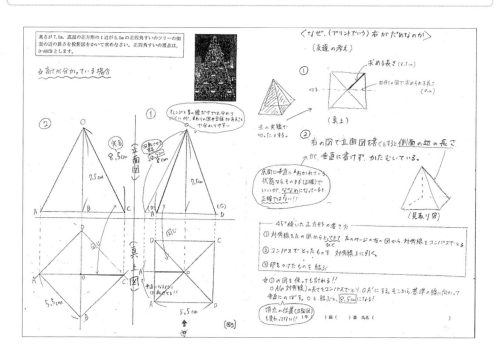

079

> 理科

「もののとけ方～見えない世界～」および 「気象（天気の変化）」における思考の可視化

1 実践のねらい

　竹早小・中学校における理科学習では，個々の思考を可視化して表現することを大切にしている。特に小学校高学年以降，現象は観察できても実際には何が起きているのか，どんな変化が起きているのかは観察できない現象を扱うことが多くなる。そこで，小学生の段階から見えないものやことを想像する楽しさを味わわせることが，理科の学習を楽しむことができる子どもを育てることにつながると考える。

　本実践は，目に見えないものやことを想像する活動であり，観察や実験を通して検証できる内容ではない。しかし，たとえ子どもが一般的に正しいとされている考え方に至らなくても，個々が想像した方法で目の前の現象が説明できる間はそれを大事にし，さらに，説明できない現象に直面した際に新たな考え方を生み出そうとする子どもを育てたい。

2 ねらいの実現のための連携の視点

①連携カリキュラム

　連携カリキュラムの作成にあたって，各ステージにおける子どもの，観察・実験に対する意識と，発表や話し合いなどを通して互いの考えを交流することに対する意識の2つを洗い出した。それを目の前の子どもの姿と照らし合わせ，カリキュラムを臨機応変に変更できるように組み立てている。

　それは上に書いたように，科学的な現象を理解するだけではなく，その現象の裏では何が起きているのか，その仕組みがどう説明できるのかを"想像することを楽しむ子ども"を育て，子どもが科学的な概念を形成する過程を大切にしていることに他ならない。思考を可視化して表現し，話し合う活動は，その一つの方策である。

②手立て

▶ 話し合いや相談，発表の機会を計画的，積極的につくり出す

　観察・実験によって得られる知識や技能の習得はもちろん大切である。しかし私たちはそれに留まらず，個々が想像した世界を表現し，話し合う機会を大切にし，計画的，積極的につくり出している。そして，友達との話し合いや発表を通して一人ひとりが概念を組み立てる場となるようにしている。もちろん，全ての単元でそれを求め

るには時間的にも無理があり，また，それにふさわしい単元や教材かどうかも関わってくる。ふさわしい単元を選び，新しい教材を開発しながら取り組んでいる。

▶ 話し合いに用いるツールの共通化

比較的簡単に実現できる方法として，大きめのホワイトボードを囲んで話し合ったり，それを利用して発表したりすることに取り組ませている。子どもたちは小学校中学年のうちから，この方法で議論が深められることや論点が整理されること，発表をスムーズに行うことができることなどを経験している。

▶ 教師のスタンス

話し合いの場を通して各自が考え方を主張したり，他の考え方に異を唱えたりする場が頻繁にもたれるが，教師はその内容が正しいか否かを評価するのではなく，友達への説得力や別の現象への汎用性などを評価するスタンスで子どもに接している。自分が想像したことを使って現象をうまく説明できたり，次の現象が予測できたりする経験を重視しているのである。

また，意欲を高める手立てとして，自分の意見を明確にする場面を設定するように心がけている。つまり，基本的な話し合いのユニットである4人班内では，誰かの考えに頼るのではなく，各自の考えを示した上で班の意見をまとめるようにしている。

3 実践の成果

▶ 小学校

本実践では，水に溶けた食塩が水の中でどうなっているかを想像して表現し，さらに，それまでに扱った現象を，そのモデルを用いて説明するという課題を与えた。

始めは手がかりすら見いだせない子どももいたが，粒子モデルが次第にクラスに浸透し，水の粒や食塩の粒という言葉が普通に使われるようになった。そして，その考えを活用して溶け残りを溶かす実験をしたことで，子どもの考えた粒子モデルは子どもの中で妥当なものになった。

教室にあふれる様々な情報を自分の判断で自由に取り入れて考えを組み立て，仲間と対話しながらより妥当な粒子モデルをつくる経験を重ねたことで，様々な現象が粒子モデルを介して解釈され，粒子概念の導入として有効であったと考える。

▶ 中学校

今回の実践に限らず，個々の生徒がもっている（ときに先行的な）知見がまず班内の生徒によって共有化されていく（あるいは逆に知見の不備を理解する）場面が多々見られた。このことから，（多くは）言語としての知識だけが先行する生徒に対して，学習内容の主体的理解をもたらすことが期待される。また今回の実践は，子ども自身の実験・観測に基づかない気象データをもとに展開した。一般にこのような場合，主体的には取り組みにくいのだが，運動会という自分事として興味がもちやすい設定にすることによって子どもそれぞれの意見を明確にもたせることができた。さらに，他者との交流の中で，自らの意見の精緻化を目指す姿が見られ，学級全体への発表や討論の活性化を図ることができた。

（文責：金田　知之）

実践

小学校5年
「もののとけかた『見えない世界』における粒子概念の導入」

指導者〉金田 知之

実践のねらい

☆食塩などを水に溶かした際，それが水に溶けた後の様子を想像させ，様々な現象を説明する自分なりのモデルを確立する。そのために次の点に意識して関わる。
①考えを具体的にしたり人に伝えたりするために，モデルを用いて表現する。
②互いの考えを聞き合い，どう考えるのがより妥当か，どの説明がより的確に現象を表現しているかを議論したり選択したりする場を設定する。
③新しい現象に出会った際，自分の考えを柔軟に変更しようとする態度を育てる。

実践のポイント

\ ポイント① / 自分の考えを具体的に表現させる。

物を水に溶かしたとき，それがどうなるのかを具体的に表現する。回数を重ねると，はじめは"なんとなく"だった表現にその子なりの解釈が伴ってくる。他の児童と交流する場を設定することで，相手を意識して伝えようとし，自然と少人数での議論が始まる。

教師は，友達がどんな考え方をしているかを分かりやすく整理しておく（図1）。

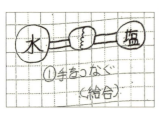  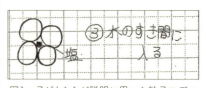

図1 子どもたちが説明に用いた粒子モデル

指導のキー 🗝

教師は一般的に正しいとされている考え方は求めない。目の前で起こった現象が説明できるのであればその説明は正しいものと考え，説明できなくなったときに，あらためて別の方法を考えればよいというスタンスに立つ。

\ポイント②/　**自分の考えたモデルを様々な場面に当てはめさせる。**

　子どもたちは，溶け残りがある食塩水をろ過して溶け残りを取り出す実験をした。さらに，ろ過した食塩水を加熱して食塩を取り出すことで，溶けた食塩はろ紙を通過することを見つけた。

　すると子どもたちは，粒の大きさに注目して食塩の溶け方をモデルを使って表現し始めた（図2）。

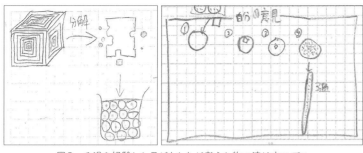

図2　ろ過を経験した子どもたちが考えた物の溶け方モデル

　次に，「50mLの水に食塩を50g入れ，溶け残った食塩を溶かしきるには何gの水を加えればいいだろう」という課題を与えた。すると，自分が作ったモデルを用いて水の量を推理し始めた。7.2mL加えれば溶かしきるのではないかという予想を立て，実験してみると予想通りの結果が得られ，自分たちの推理は正しかったことを証明した。

\ポイント③/　**友達の考えを聞いて，よりもっともらしい考えを選んだり，自分の考えを修正しようとしたりする**

　自分の考え方をもつことができれば，それと異なる友達の考えを真剣に聞くことができる。そして，どちらがよりもっともらしいのか，他の場合はどうだろうか，と比較したり発展させたりし始める。その場面こそが主体的な学びの場であると考える。

　今回のようなアプローチを繰り返すことの意味を私たちは次のように考える。それは，子どもがたとえ一般的に正しいとされている説明方法にたどり着かなくても，同じ方法ではうまく説明ができない別の現象に出会った際に，友達の考えを思い出して，主体的に自分の考えを組み立て直し，納得できる説明をしようとする子どもに育つのではないだろうか。

子どもの学ぶ姿

以下は，図1では②，図2では左の考えをもつ子どもの学習感想である。

> 私は〇〇君の意見に賛成です。なぜなら，水の粒の中に入るということは，その水の粒に入る大きさに小さくならなければいけないと思うからです。

自分の考えに整合性をもたせるために，それまでに考えてきたことを振り返って関連づけることで，自分の考えを価値づけている様子が分かる。

中学校2年
「「気象（天気の変化）」における生徒による天気予報の実践」

指導者 岩瀬 三千雄

実践のねらい

☆天気図（気圧配置図）の変化とある場所の天候の様子から，翌日の天候を予想（以下，予報）し，実際の天気から自らの予報の検証を行う。それを通して天気図の仕組みと有用性，そしてその基礎となる気象観測の意義を理解する。

① 生徒個人にコミットさせ，モチベーションを高める工夫が大切。
　今回は，天候に左右され且つ多くの生徒が楽しみにしている運動会当日の天気を予報させ，延期の是非を判断させる。まず生徒一人ひとりに意見（予報と判断）をもたせ（簡単なレポートの形で提出），最終的に予報と判断の学級案を決定する。
② 各班（4名程度）で互いの意見を確認し，より的確な予報と判断をまとめる。
③ 予報の正誤よりも，綿密な天気図からの読み取りや合理的解釈および，他者の意見を柔軟に取り入れる態度や，根拠に基づく予報になっているかを評価する。

実践のポイント

＼ポイント①／　生徒個人にコミットさせ，モチベーションを高める

昨今は，極端な猛暑や豪雪，そして豪雨や洪水とそれに伴う土砂災害，さらに教科書に出てこないような不思議な動きをする台風など，「異常な○○」をキーワードにして生徒に発言をさせると，一番に挙がるのが「異常な気象」である。その一方で，気象観測を授業で継続することは難しく，また狭い範囲の観測データだけから示唆されることも多くない。したがって，生徒の学習に対する姿勢は，どうしても受け身になりがちである。しかし現実的に対応することが，求められる課題である。

そこで教師は，「明日は運動会である」と仮定することで，明日の天気を予想しなければならない状況をつくり出し，生徒が積極的に天気図から天気の様子や変化を読み取ろうとする場面を設定した。

指導のキー 🔑

まず個人のレポートの提出を求める。この段階では不備なものも多いが，予想天気図よりも当日の東京の天気と運動会開催の是非を答えているかどうかについて，必ず記入させることに傾注する。

\\ ポイント② // 　班で話し合い，予報と判断をまとめる

　図1は，4人班によってまとめられた，運動会当日の等圧線等を記入した予想天気図（赤・青で記入）の一例である。大陸にある高気圧（気団を形成している）の等圧線や，遠く南方海上の等圧線はあまり動かないことを示している。

図1　班でまとめた予想天気図

　課題は東京の天気を予報させることであるが，生徒はそれを説明するために，日々移動する高気圧と移動しない高気圧（気団），低気圧の移動とそれを阻む高気圧の存在，さらに低気圧の発達など，様々な学習内容を自然に付け加えていた。

指導のキー

- 班単位の話し合いの場面で，ホワイトボードや予想天気図の記入が止まっている班に積極的に介入する。教師が最も積極的に指導する場面は今回の取り組みに限らず常にこの場面である。課題が難しい場合には，生徒との会話の中で，ほとんど説明してしまう場合もある。
- 起きている事実に矛盾が生じない限りにおいて，生徒の説明や発想を否定しないことが大切。

\\ ポイント③ // 　クラスの結論を実際の天気と比較する

　この取り組みの最後に，実際の天候（過去の実例）を紹介し，自分たちの予報と比較させた。

図2　班での話し合いと発表の様子

　そこでは予報の細かい正誤より，天気図の変化を読み取っているか，他者の意見をよく聞き柔軟に取り入れているか，そして何よりも根拠に基づく合理的な予報になっているかを評価したい。

　生徒の学習後の感想を以下に記載したが，生徒自身が実効感をもって気象の学習に取り組んでいる様子がうかがえる。なお，気象衛星の雲画像を材料に加える取り組みも試みたが，低層雲の看取りが難しく，予報に関しては混乱する場面が多かった。

生徒の学ぶ姿

- 緊急連絡網で運動会開催の適否を判断し，連絡をする先生方の苦労がよく分かった。
- 予報が的中し，とてもうれしかった。来年の運動会当日は，自分で予報してみたい。
- 動きがよく分からないところもあった。だから予報が外れる？のだろうか。

主体性がある授業

◎授業での子どもたちの姿

　竹早地区では，子どもの主体性を発揮させる授業が日々行われている。その授業の様子を少しのぞいてみよう。写真1は中学校の理科のある日の授業風景である。この日は，前日に行われた力のつりあいを確かめる実験の結果と考察をホワイトボードにまとめ，クラスに発表する授業を行っていた。ホワイトボードを書いている様子を観察すると，前日の実験結果に対して「僕の仮説はこうだったから…」や「こんな風に考察を考えてきたよ。」と班の中で活発に話し合いをしながらホワイトボードを書いていた。また，文字の大きさを変えたり，色を使ったりと，他の班の人たちに自分たちの考えをわかりやすく伝えようとレイアウトにも気を使っている姿も見ることができた。

写真1

　写真2は別の日の授業の生徒が作ったポスターである。この日は，身近な発電方法について，各班がクラス全体に向けて発表する授業であった。発表の場では，「太陽光パネルはどちら向きに設置するのがいいの？角度は？」や，「風力発電は，日本ではどんな場所が効率が良いのだろう。」などの活発な質疑応答が行われていた。また，我先に発表したくて他の班が発表してる間に教室の端に行き，自分たちの順番を待っている姿も見られた。

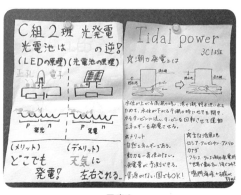

写真2

　今回は中学校の理科の授業における生徒のようすを紹介したが，他の教科はもちろん，幼稚園，小学校でも同様にその成長段階に応じて，子どもたちの主体性を発揮させる授業が行われている。このような11年間を通して子どもたちはのびのびと成長し，主体性を育んでいく。

（文責：猪又　匠）

Column

竹早地区での部活動

1. 部活動 今と昔

　竹早中に着任して 30 年になる。着任当時，本校の部活動は 16 時 50 分までしか行えず，運動部の顧問が大会前に希望を出した場合のみ，17 時 40 分まで延長して行われるといった活動状況であった。

　私はバスケット部の顧問になったが，前任校と比べ，物足りなさを感じていた折，部員からの要望も強かったため，延長の回数を少しずつ増やしていき，週 3 回の練習を 17 時 40 分まで確保した。とはいうものの，朝練習や土日・長期休業の練習にも制約が多く，年間の活動時間は，他校の半分程度であったと思う。そうした状況下，自分の競技経験や前任校 2 校が関東・全国大会に出場したため，そこから学んだノウハウの中から，本校に合うものを厳選して指導した。最も重視したことは，短時間だからこそ練習の全ての内容に集中して取り組む精神を育むことであった。

　その成果が出たのが，着任後 4 年目のチームである。185cm の長身者が 2 名いたこともあり，東京都の全ての大会を制し，関東大会で 3 位，全国大会でも 3 位の成績を残した。チームのモットーは，「与えられた環境の中で最大限努力すること」，「頭とハートで勝負すること」であった。あれから 24 年経つ現在，本校の校風として文武両道があげられているが，このときにバスケット部が残した精神が，今も本校の伝統の 1 つとして引き継がれているのだと思う。

　その後，学校も全面改築され，校舎も体育施設もだいぶ充実した。また，活動時間や実施回数の制限もかなり緩和され，公立学校にだいぶ近づくことができてきたというもの，活動時間はまだまだ他校には及ばない。現在，本校の部活動登録数は，運動系 9 部，文化系 13 部。活動日には，学内ところ狭しと部活動が入り乱れている。「短時間でいかに集中して，成果を表せるか」，私たちのたたかいは，日々続いている。

2. 小中合同部活

　竹早地区の研究主題として，『幼小中の一貫教育』がある。研究のねらいの一つに，各校種間でのなだらかな連絡進学がある。小中でみた場合，それは『中 1 ギャップ』という言葉に表されているような状況を緩和することにある。

　その一つの試みとして，小学校 6 年生と中学生との合同部活がある。年 1 回の活動だが，小学生は希望する中学校の部活動に参加することができ，入学したときに 2, 3 年生の先輩になる生徒や部活顧問の先生，中学校の施設に慣れることができる。この経験は，中 1 で味わう種々の緊張を緩和するために，大きな効果があると感じている。

（文責：加藤 英明）

音楽科

他者と関わり・つながる場としての
音楽の活動

1 実践のねらい

　小学校でのわらべうたあそび，中学校での打楽器によるアンサンブルの実践を通して合わせることや揃った瞬間の心地よさを感じることを目指していきます。

　小学校では，友達の声に合わせて歌うことができるようになること，中学校では楽器の音を出すタイミングを合わせたり，呼吸を揃えて演奏したりできることを目指します。そして，全員で音やリズムを共有していく活動の中で，主体的に仲間と共に音楽に親しむ姿を育てていきたいと考えています。

2 ねらいの実現のための連携の視点

①連携カリキュラム

　小学校1年から中学校3年までの9年間の過程で，子どもたちが互いに認め合いながら，主体的に仲間と音楽を楽しんだり味わったりする姿を目指していきます。

　音楽活動の中での交流を通して，相手を受け入れながら行動する姿勢を身につけ，様々な場面で自然に発揮できるように育てていくことが本カリキュラムの起点となっています。そのことを踏まえて，このカリキュラムでは「何を教えるか」ということではなく，子どもたちが音楽活動で主体的に学びに向かい豊かに表現するために，教師がどのような環境を設定できるか，どのような姿を見取ることができるのかということを小学校と中学校共通の視点として，実践を検討することとしました。

②手立て

▶「教材」と「展開」（指導の工夫）から考える

　あそぶことや楽器に触れることに親しみ，そこから自然と定着につながるよう展開します。小学校低学年の子どもたちは「あそび」に慣れてくると，さらに楽しくあそんだり変化させたりと工夫する姿が生まれます。その過程で，どのようにしたらあそびが成立するのか自主的に向かう姿が現れてきます。また，子どもたちは学年に関わらず，楽器を持ったらまずは音を出してみたくなります。ある程度自由に楽器に触れたら演奏の仕方を伝えます。すると隣の友達と一緒に合わせようという意識が生まれます。他者に意識を広げることや音を合わせようとすることを，自主的に考えていけるように声掛けやタイミングを工夫します。

▶ 課題の焦点化（小学校）

　あらゆる場面で子どもたちは活発に発表します。発見したこと，楽しかったこと，困ったこと，教師が聞く姿勢を示していれば本当にたくさんの発言をします。その一方で，発言が多すぎて何について意見すべきなのか，本来の目的が抜け落ちてしまうこともあります。そういったことが起こった場合，教師が注目させたい発言をした子どもの意見を引用して，再度投げかけます。例えば，Ａという児童が本時の目標に迫る意見をしたが，それ以降，目標とはかけ離れた意見になってしまった場合。教師が「Ａちゃんの発表について，意見がある人はいる？」と投げかけると，子どもたちは改めて課題を意識し，その内容について考えるようになります。

▶ 音をシェアする喜び（中学校）

　決められたものや正解があり，そこに向かっていくというよりも，みんなが気持ちよく演奏に入っていくにはどうしたらよいかということに注目できるように展開していきます。一人でリズムを出すだけではなく，みんなでそのリズムを出し合いながらシェアしていきます。全員の音がぴったり揃った瞬間，心地よさが感じられるはずです。そこに複数で音を共有する喜びがあります。そのような状態を目指したいという気持ちにさせることが大切だと考えます。そこから，音楽の正確さよりはむしろ子どもが自分たちなりの方法で考えながら演奏と向き合う姿につなげていきます。

▶ 他者と関わり・つながる場としての音楽の活動

　子どもが生成する音楽に耳を傾け，そこを出発点に学級全体で学びを深めていくこと，誰かが口ずさめば，それを一緒に口ずさみ，やがて学級全体に波及する。大人数で各々が自由に歌っていたら自然に合わせたくなる。それが揃った瞬間というのは大変気持ちがよい。そのようなシンプルなことの積み重ねが大切なのだと考えています。

　学びを深めていく過程で，一人ひとりの子どもが，その子らしい学びの道筋をもてるように，音楽との多様な関わり方や，それらの活動の幅を広げていくことを教師が認めることが重要であると考えています。

③ 実践の成果

　それぞれの校種の授業を検証し，そこでの音楽に取り組む子どもの姿や，教師の手立てについて議論を重ねました。私たちはその中で，教師は「何を教えるか」ではなく，子どもたちが生成する音楽に「耳を傾けること」をきっかけとし，学級全体で学びを深めていくことが大切であるという結論に至りました。このように子どもたちの学びを捉えることによって，校種問わず互いに認め合いながら，主体的に仲間と音楽を楽しんだり味わったりする姿に育っていきました。

（文責：徳富　健治・中野　未穂）

実践

小学校1年
「わらべうた『いもむしごろごろ』で あそぼう」

指導者〉徳富 健治

実践のねらい

☆わらべうた「いもむしごろごろ」のあそびを通して,拍を感じ取りながら,友だちの声に合わせて歌うことができるようになることを目的として学習を進めていく。
①歌いながらあそぶ(わらべうた)面白さを存分に味わう。
②あそびがうまくいかない原因を考える。
③複数のグループのあそびの様子を比較し,学級全体で課題(あそびがうまくいかない原因)を乗り越えるための方法を考える場面を設定する。

実践のポイント

ポイント①　とことんあそぶ!

あそぶ時間を存分に確保します。最初は教師が提示したあそび方で取り組みます。まず2人1組であそび,学級全てのペアであそびが成立したところで,3〜4人のグループで取り組みます。あそびに慣れてくると,子どもたちはより楽しくあそびたいという動機から,あそびを変化させ始めます。速さや言葉を変化させたり,人数を増やしたりと,多様なあ

そびが生まれます。一方で,あそびに没頭するあまり,様々な課題が出てきます。動きが速くてついていけない,友達とぶつかる。そして遂にはトラブルへ発展します。トラブルが起こるとあそびは中断。その原因が解決するまではあそべません。子どもたちはあそびを再開するために,トラブルを解決するための方法を自分事として考えるようになります。

ポイント②　トラブルの原因を学級全体で共有して,課題を認識する

子どもたちがトラブルの対処に困っていることを意思表示し始めたところであそびを中断し,それぞれのトラブルを学級全体で共有します。多くの子どもたちが発言する一方で,その過程で様々な発言が出てきてしまい,活動目標が見いだせなくなって

しまうことが少なくありません。そこで，本題材のねらいにつながる発言があった際には，教師が追発問して，子どもの意識をその発言へ促します。そうすることによって，子どもはそれに関することを考えるようになります。

\\ ポイント③ // **複数グループのあそんでいる様子を比較し，課題を乗り越えるための方法を考える**

わらべうたあそびには，子どもを夢中にさせる魅力があると同時に，夢中になりすぎて自分自身の姿を客観的に捉えることが難しくなってしまうことがよくあります（夢中になるからこそトラブルは発生する！と筆者は考えています）。そこで，教師は意図的にあそびが「成立しているグループ」と「成立していないグループ」に発表させ，それを手がかりに学級全体で本題材の課題とそれを乗り越えるための方法を考える場面を設定します。

指導のキー 🗝

子どもの安心・安全が脅かされるような出来事を除いては，教師はあそびに介入しないことがポイント。介入を控えることによって，子どもはのびのびとあそび，時々そこで起こる問題を自分たちで解決しようとします。もちろん自分たちで解決できないこともあります。その解決できないことが学級全体の課題になります。

子どもの学ぶ姿

あそび始めたものの，動きがバラバラになってしまったり，列が途切れたりしてしまい，あそびが成立しません。すると，子どもたちの中から「みんなで"せーの"で始めよう」「右足から始めよう」という声が上がります。しばらくすると，一つのグループが全員で最初から最後まであそべるようになりました。子どもたちは，あそびを通して「合わせる」方法を自然と身につけていきました。

中学校1年

「サンバで感じる一体感」

指導者 中野 未穂

実践のねらい

☆音を出すタイミングを合わせたり呼吸を揃えて演奏したりして，全員で音やリズムを共有する楽しさ，音が揃った瞬間の心地よさを体感する。

　大迫力のサンバの演奏では，プロのミュージシャンもアマチュアも素人も大勢の人が皆一緒に演奏を楽しんでいます。実力に関わらず平等に皆が思いっきり楽しめるのがサンバの最大の魅力です。大人数で打楽器のみによるアンサンブルというサンバの特徴を生かして，演奏の得意・不得意やできる・できないに関係なく楽しめる空間を大切に，今回の実践を紹介します。

実践のポイント

　シンプルに音が揃った瞬間の心地よさや間と思いっきり楽器を鳴らす解放的な楽しさを実感する。

＼ポイント①／　イメージをつかむために，ブラジルのサンバカーニバルの映像を鑑賞！

　どのような印象をもったか生徒に聞いてみると，「とにかくすごい！」「激しすぎる」「踊ってみたい」「なんだか笑える」など自由な感想が返ってきます。その第一印象を大切に，ブラジル文化やサンバという音楽の紹介をしていきます。少しでもやってみたいと期待させるように，モチベーションを高めていきます。

＼ポイント②／　リズムを覚えよう！

　自分の担当する楽器のリズムパターンを覚えます。だんだん定着してきたら，同じ楽器同士の音や，アンサンブル全体の音を聴きながら演奏できるように練習します。各楽器のリズムの重なりを意識して，そこに自分の音が混ざるように，とにかく反復することが大切です。

　スルド　　　カイシャ　　　ショカーリョ　　　タンボリン　　　アゴゴ　　　ガンザ

今回は，譜例のリズムでアンサンブルを行いました。実態に合わせてスルドに次の3つ目のパートを加えても面白いです。

\\ ポイント③ // 一体感のあるアンサンブルを目指そう！

ある程度アンサンブルが成立してきたら，「ジレトール」というアンサンブルを先導する指揮者のような役割を加えます。ジレトールのアピート（サンバホイッスル）で出す合図や動作に合わせて演奏をブレイクしたり再開したりと，一体感が感じられる演奏を目指していきます。スルドに合わせて自然にステップを踏みながら演奏している生徒もいました。全員の音がピタッと止まった瞬間，生徒の表情からは音をシェアした喜びや達成感を感じた笑みがこぼれていました。

指導のキー

①アンサンブルの土台である「スルド」に注目し，スルドのリズムを感じながら演奏する。
②呼吸を合わせて入るタイミングを揃える。
③ジレトールの合図に注目する。

生徒の学ぶ姿

「一体感のある演奏とは？」と質問したところ，「音が揃っていること」という反応が返ってきました。次に，「一体感のある演奏をするには？」と質問すると，「とにかくリズムよく演奏する」「笑顔で演奏する」「お互いの音を聞く」「スルドと合わせる」という回答がありました。そこで教師は，ジレトールがいて全体で合わせていく構造は合唱と似ていることを示唆しました。すると，自然にジレトールの動作に注目し，合図に合わせて演奏しようとする姿を見られました。その結果呼吸が合い，音を出すタイミングも揃ってきました。このことから，今回の実践と合唱で経験した音楽と向き合う姿勢がつながっている様子もみられました。

図工・美術科

連携カリキュラムによる主体的造形活動

1 実践のねらい

　表現する喜びを味わいながら「造形表現・鑑賞活動を通して新たな意味を生み出す」という図工・美術の，教科の特性としてのテーマを具現化する上で，「主体的に表現する」「生涯を通して表現し続けることに通ずる造形・鑑賞活動や手立てを講じる」「お互いを認めあう活動」を，どのような手立てを講じ表現・鑑賞活動に組み込み，その見取りをしていけばよいのかを探ることにある。

2 ねらいの実現のための連携の視点

①連携カリキュラム

　主体性を育む連携カリキュラムとしては，小学校では，自分の興味・関心のある活動をたっぷりと楽しむことによって，充実感や満足感をもたせる。そして，学級集団への所属意識の中から，異なる考えをもった友達と，ときには対立しながらも，関わり合うことにより学びが，展開し広がり深まっていくことにも注目している。発達段階の特性を尊重し，創造的な造形活動を通して，他者との関わりの中から，学びのある，主体的な活動を目指している。

　中学校では，表現における意思決定が重要で，すなわちそれが「主体性」につながり，主体性が発揮されてこその表現と捉えられる。さらに，造形表現を通して新たな学びや発見等の意味を生み出すところに本質がある。表現活動は発見要求と結びつき，表現することにより，さらに深く対象を知ることにつながる。造形活動はこの連続であり，この繰り返しこそが発達や成長に寄与する。本実践は，まさしく日常の生活世界から今まで気づかなかった美を再発見することから，教科の特性としての「造形表現を通して新たな意味を生み出す子」という目標に沿うものと考え設定している。

②手立て

▶ 主体性を育むために（小学校）

　図工科では，授業ごとに行うふりかえりカードと活動の途中で入れる鑑賞活動を，主体性を育むための手立てとしている。主には，「つくりたいものをつくる」ということを，より主体性を育むための手立てと考えている。しかし，この2つの手立てを取り入れることにより，自分と向き合えるとともに，学びを共有することができ，さ

らに深い主体的な活動になると考える。そこで，現在，子どもたちの様々な「関わり」から，主体性を捉えていきたいと研究を進めている。その「関わり」の中から「気づき」や「発見」が生まれ，それが「学び」となり，「学び」を共有することで主体性が育まれるものと考えられる。

▶ **「教材」の視点から（中学校）**

　小さい頃は自由に屈託なく描画表現をするが，成長とともに苦手意識をもつようになってくる者はけっして少なくない。かつてローウェンフェルドは，これを「（描画表現上の）思春期の危機」と表現して警鐘を鳴らしている。しかしその後数十年たった現在でも，世界において大きく変化が見られる状況には至っていない。

　本教材は，デザインの素材になりそうな美を生活世界から探す鑑賞であり，それを自分がデザインしたフレームを通し，効果的な構図を考えてトリミングし写真に撮ることによる表現活動でもある。この活動は，仮に描画が苦手と感じる「思春期の危機」にある生徒でも，楽しみながら意欲的に活動できると思われる。「こんな○○があったら」と考えて作った自分が欲しい物のフレームを通して，世界の美を切りとる活動は，楽しみながら再発見する活動となり，主体的な学びが期待できる。

▶ **「指導法」の視点から（中学校）**

　本教材では，撮影にあたって4人1組にデジタルカメラを1台与える。画像の枚数の制限はしないため，時間内であれば何回でも試行錯誤が可能である。グループによるレコーダーを使いドキュメンテーションをしながらの協働作業は，相互に刺激し合いながら，主体的かつ意欲的な活動を期待している。

　また，協働作業によって導かれた作品やそこに至るドキュメンテーションの分析等，鑑賞における議論を通して，思いの共有や批判意識，コミュニケーション能力が主体的に育成されるものと期待する。

③ 実践の成果

　図画工作・美術では3つの具体的目標に加え「造形表現を通して新たな意味を生み出す子」という目標を具現化できる方法に重点を置いている。その検証方法として，活動中や後の振り返りで，今まで気がつかなかったことに気がついた，何かを発見した，世の中の見え方が変わった等，自分自身の中の変化や，新たな視点やチャンネルの獲得等の変化が，より見られる教材や指導方法を探ってきた。

　「主体性を育む手立て」として「教材」「指導法」の視点から，図画工作の「アート造形」や美術の「新たな視点で世界を見直そう」等の活動を通して，自由な発想で他者との関係性を大切にしながら，協働的な学びの中から，より高めあう方法を実践してきた。その結果，仲間の表現から刺激を受けて，良い点を真似るところから自分の表現へと発展させていく様子や，他者との関係性の中から，互いに刺激をし合いながら高めあう様子が確認された。さらに，自分自身の中の変化や，新たな視点やチャンネルの獲得等が，振り返りシートやプレゼンテーション等でほとんどの児童・生徒で確認できた点が，その成果として挙げられる。　　　（文責：桐山　卓也・山田　猛）

実践

小学校1年

「アートぞうけい」

指導者 桐山 卓也

実践のねらい

☆竹早小学校の「アートぞうけい」とは，子どもたちの主体性を育むことを目的とする活動である。受動的（受け身）ではなく，能動的な活動ができるよう，子どもに十分な時間と場所を保障し提供する活動である。

実践のポイント

「アートぞうけい」とは，自分でやりたいことを見つけ，自分が伝えたいことの表現方法を見つける。そして，自分で材料を探し，自分で計画を立てて見通しをもって製作する。うまくいかないときは自分で工夫して乗り切るなど，自分で考えて行動できる力を育てることをねらいとしている。

また，こうした活動で，自らの思いを達成させるためには，他者との関わりは必須である。必要となる情報を集めるため，教師に助言を求めたり，友達と話し合ったり等は，コミュニケーション能力を育む事にもつながる。

最後に自己評価することで，自己肯定感につなげていく。

ポイント①　作りたいものを作る

「アートぞうけい」は，まずはじめに，自分でつくりたいものと今日のめあてを決める。材料や用意する道具も自分で考える。教師は，活動の中で，新しい気づきを積極的に意識させ学びとさせる。そして，最後にふりかえりカードに自己評価をさせるという活動である。作りたいものに関しては，教師はなるべく否定しない。活動を否定されると，子どもたちは自分の思いを遂げるのに委縮するようになってしまう。日頃から想いが実現できるような土壌をつくっておく。自分の思いが思い切り表出できる場にこそ主体性が生まれてくる。やりたいことを追究してこそ，主体性が発揮されるのである。そうした活動の中に生まれる，発見や気づきは学びとなり，与えられたものではなく，子どもたちの切実感から生まれたものなので，学びが深まるのである。

さらに，自分で活動をつくっているので，何を目指しているのか明確になる。

\ポイント②/ 自己評価

最後に，ふりかえりカードで自己評価をする。自己評価することにより，自分の学びをしっかり確認でき，自己肯定感につながっていくと筆者は考えている。

指導のキー 🗝

教師は，子どもたちの活動を否定せず，積極的に受け入れてあげることが大切である。また，発見なども板書し，認めてあげるのも重要。

子どもの学ぶ姿

やりたいこと作りたいものを，自分でしっかりもつことができ，それに対して目標を自分で設定する。そうした活動の中での「発見（学び）」は，自己評価することによって，深い学びにつながっていく。自分で活動をつくっているので，何を目指しているのか明確になり，学びが自分のリアルになり深まっていくのである。そして，子どもたちの満足感は，幸福感につながっていく。

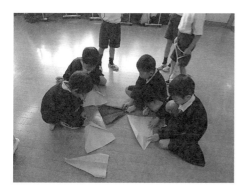

左の写真は，子どもたちが集まって，紙飛行機を折っているところである。かっこいい紙飛行機をつくりたい。よく飛ぶ紙飛行機を折りたい。子どもたちの願いは，とても切実である。そのため，子どもたちは，本で調べたり，ネットで調べたりと主体的に行動する。また，自分が学んだことは，友達と共有することにより，さらに深めていく。

アートぞうけいでは，発見したことを学びとし，板書して，クラス全体で学びの共有化をはかっている。

幼稚園

小学校

中学校

実践

中学校2年
「新たな視点で世界を見直そう─デザイナーの視点になって世界を美的に切りとる─」

指導者〉山田 猛

 実践のねらい

- ☆自分のデザインしたフレームを通して，身の周りの生活世界をトリミングして撮影する，鑑賞を目的とした制作課題。デザインの一部に見立てる活動を通し，新たな視点の獲得をねらいとする。
- ・協働的学びを通し，互いの視点やねらい等の違いを知り，刺激し合い高めあう。
- ・生活世界にも美があふれていることを再認識させることで，「美に気づくチャンネル」を獲得させ，美への感度を高める。

 実践のポイント

　生活世界に対して，新たな好奇心をもてるようにいかにしかけをつくるか，生徒の実態を考慮した手立てを探る。

\ポイント①/　世界を美的に切りとるフレーム制作

　「こんな○○があったら…」と各々が考えるワンピース，ネクタイ，マグカップ等，様々なフレームを考えアイデアスケッチをさせる。気に入ったものから画用紙でフレームを作成させる。デザインを入れるべき中の部分は，切り抜かれた大きめの窓にする。

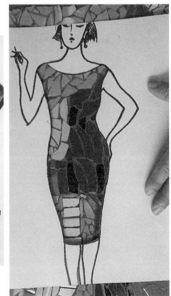

ポイント② 生活世界の美を切りとる

　フレームを通して，生活世界を見直し，デザインとなりうる美を探しトリミングして，画像を撮影する。普段気にもとめていないものが，デザインの種になることを感じながらも，「こんなところにデザインの種があった！」ということに気づかせ，今まで見過ごしてきた生活世界の美の見え方の変容をねらいとしている。

指導のキー

デザインの素材を探させながら，フレームを通して生活世界を見直してみることで，今まで気がつかなかった美を再発見させ「美に気づくチャンネル」の獲得へと促す。

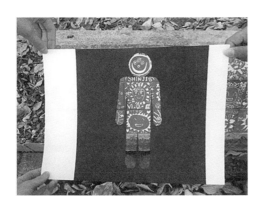

生徒の学ぶ姿

描画表現等に自信がもてない生徒も，グループで助け合いながら，楽しんでいた。シャッターを押すときに，仲間に細かく指示を出しながら自分のねらいの構図を決めて撮影する姿が見られる。

ポイント③ 鑑賞

　作品にタイトルとリード文をつけ，そのプレゼンテーションを行い，互いに鑑賞する。各自の目のつけどころや，視点，意図，発想等の違いに着目しながら，鑑賞し批評し合いながら，高めあう。

　また本題材は，ローウェンフェルドの唱えた「描画表現における思春期の危機」への対応の一つとなりうる。

　さらに，画像を撮影することは，スマホ等の普及で子どもたちにとっても日常生活の一部になっており，美的な感度を上げて世界を切りとることは，義務教育修了後に美術を選択しない場合でも，気軽に遊び心でできる題材として生涯学習も視野に入れている。

健康／保健体育・養護・栄養

動きを追究しよう「器械運動」／
動きから技へ「器械運動」について

1 実践のねらい

　本単元は，器械運動領域を「マット運動」「跳び箱運動」「鉄棒運動」と個別の種目で捉えるのではなく，領域の中に含まれる「動き」に着目して「器械運動」として単元を構成している。小学校では，「マット運動」と「跳び箱運動」の両方に含まれる「回転」の動きを中核にして動きを広げていく。中学校では，器械運動の「技」を認知していくことで，その「技」ができるようになるためには，どんな「動き」が必要になってくるかを思考し，自分の「動き」の状況から，行う「技」をどれにするかの意思決定をする力を育成することを目指す。

2 ねらいの実現のための連携の視点

①連携カリキュラム

　主体性を育む連携カリキュラムにおいて，本実践では，個人種目である器械運動において主となる「自己」，そして「他者」と「情報」とが互いに有効につながり合いながら，学習活動を展開していくことを目指している。小学校における「動き」と，中学校における「動きから技へ」という学習活動を通して，連携を図りながら，主体性を育成することを目指していく。

②手立て

▶ 器械運動系の領域として

　学習指導要領では，器械運動系の領域として小学校低学年を「器械・器具を使っての運動遊び」，小学校中学年から高等学校までを「器械運動」として構成している。小学校での運動遊びを受けて，中学校では，小学校での「技ができること」や「技を繰り返したり組み合わせたりすること」の学習を踏まえ「技がよりよくできること」や「自己に適した技で演技すること」を目指していくことが示されている。しかし，単純に技ができるかできないかという点のみを味わうのではなく，小学校では，技を構成するための「動き」を十分に楽しみ，感じ，気づくことを大切にしている。その結果が，「技」へとつながっていくと考える。中学校では，小学校での経験をもとに，器械運動における「技」への理解を深め，技を選択し，自分の動きと思考を往還させ

ながら，発展させていくことを目指している。

▶ **動きの視点の明示（小学校）**

　器械運動に含まれる動きを５つ（「支える」「回転する」「跳び越す」「跳び乗る」「跳び降りる」）を抽出し，動きの要素（材料）として提示する。この５つの動きの要素が視点となり，身体を動かすための足がかりになるであろう。自分で考えた動きが常にどこの要素に当てはまっているかを確認することで，器械運動の動きにより近づくと考える。

▶ **技術指導における指導法の充実（中学校）**

　器械運動の技を身につけていくときには，自分の動きと器械運動の技とが，どのようにしたら結びついていくのかを，子ども自身が気づくことが大切になってくると考える。自分の動きから，器械運動における「技」へと接続していき，運動の価値を感じていく。「技」には，ポイントが存在する。一方的に子どもにそのポイントを指し示すだけではなく，子ども自身が主体的に感じることができるように，場面に応じて指導する。安全面を配慮し，技のポイントや意識すべき体の部位などを端的に指導する一斉指導の場面や，一人ひとりの子どもの技能に応じた状況を見取りながら指導する個別指導の場面を有効に設定しながら，学習活動を指導していく。

▶ **ICTの活用**

　小学校では，自分がどのように動いているのかをタブレットで動画撮影を行い，自分が感じている動きのイメージと実際が合致しているのかどうかを確認する。また，教師も全体に共有したい動きを撮影し，活動に飽和している子どもや，どう動けばいいのか困っている子どもに提示し，活動の足がかりとなるよう活用していきたい。

　中学校では，自分の演技を判断，分析しながら，問題解決へと向かっていくためのツールとしての活用を促していきたい。また，単元のまとめでは，自分の演技を映像として撮影，保存することで，デジタルポートフォリオ評価としても活用する。評価場面を充実させることで，自己評価，他者評価にも有効に機能し，より充実した学習評価場面の設定へと寄与すると考える。

3 実践の成果

　連携を考える上で，これまでは「技」の系統性のみ考えられることが多かったが，本実践では，「学習者の主体的に学んでいる姿」に基づいて連携することができた。

　器械運動領域における「動き」に軸を置いた連携カリキュラムを構成したことで，学びの系統性をもつことができた。学習者たちも自分たち一人ひとりの「動き」を十分に味わいながら，学習活動に臨むことができ，主体的な実践が展開できた。また，連携カリキュラムを意識したことで，小中を架橋した連携カリキュラムの構築を行うことができた。小学校と中学校の校種文化を大切にしながらも，相互作用的に子どもたちの主体的な学びを支えることのできる連携カリキュラムの再構成が求められる。

（文責：永末　大輔）

実践

小学校5年

「動きを追究しよう『器械運動』」

指導者 永末 大輔

実践のねらい

☆「自分なりの動きの発見と追究」を目的として学習を進めていく。
①動きを発見することから始め、その動きをさらに高めていくために追究していく。
②動きの要素として、5つの動き（「支える」「回転する」「跳び越す」「跳び乗る」「跳び降りる」）を提示する。
③器械運動の「動き」に着目し、その動きが環境に誘発されて引き出されるような場を設定する。

実践のポイント

ポイント①　まずやってみることから始める

回転しながら跳び降りる

まず、動きの要素を提示した。教師から「動きの要素をもとに自由に動いてみましょう」と声をかけた。回転しながら跳び降りるという動きが現れたものの、ほとんどの子どもは、エバーマットに身体を前に投げ出して跳び込むことばかりで、動きの要素に着目している様子は見られなかった。また、跳び箱の場では、これまで経験してきた開脚跳びをほとんどの子どもが行っていた。

ポイント②　動きを広げるための声掛けと場の拡張

逆さになって脚を開く

準備運動の一つとして馬跳びの活動を取り入れ、「フワッと跳ぶ感じ」を味わえるようにした。活動に入ってからは、教師が積極的に介入して声かけをしたり、意図的に子どもがやらなかった跳び方をしたりした。すると、全く取り組むことがなかった倒立系の動きを楽しむ様子や、台上前転や抱え込み跳びをする様子が見られるようになった。教師が活動の中で子どもに見せた下向き横跳びも真似して行う様子が見られた。

こだわりをもって同じ跳び方に取り組んでいる子ど

台上前転の動きが生まれる

もと，いろいろな動きを楽しむ子どもとがいた。

さらに，活動の幅をもたせるために，場の設定を変更した。子どもに「いろいろな動きを発見しよう」という課題を伝え，できるだけいろいろな動きに触れさせようと考えた。

場の数が多くなったことで，子どもの動きが多様になった。はじめは怖そうで誰も連結跳び箱に取り組まなかったが，一人がやりだすと，何人も取り組み始めていた。他の人が取り組んだことで，安心感が生まれたのだろう。

連結跳び箱に取り組む

指導のキー

子どもがより身体を解放し，ダイナミックに動きを追究するためには，「安心感のある環境（場）」や「やらされている技ではなく，自分で動きを選択している」ことが大切である。その際，動きの要素を示すことによって活動の足がかりとなる。

ポイント③　自分なりの動きの追究を楽しむ

子どもの動きがより多様になるよう教師から積極的に発問した。また，映像を観ながら動きを確認することは子どもにとっては意欲の推進力になると感じたため，この時間よりタブレットを使い，映像を子どもの希望に合わせて撮ることも始めた。自分の映像を観ることによって，自分の意識と現実の差異が見えやすいため，何人かの子どもは何度も映像を確認し，動きの追究に役立てることができた。

台上前転から，はね跳び系の動きになっている子どもが出てきたため，全体に紹介し，その動きができそうな場合は真似してみるよう声をかけた。その他にも，自分なりに動きを発展させて，シンクロ倒立や，ハンドスプリングなどいろいろな動きが現れた。

子どもはこれまでの活動を通して，自分が取り組みたい「追究したい動き」を発見でき

はね跳び系の動きが生まれる

ていた。教師はその子どもの思いにできるだけ寄り添い，補助をしたり，アドバイスをしたりすることを心がけた。

子どもの学ぶ姿

子どもの活動には主に，自分が取り組みたい「より難しい動きや技」と「できる動きや技にじっくりと取り組みたい（高さに挑戦したりより大きくしたりする）」という2つが見られた。

実践 中学校3年

「動きから技へ『器械運動』」

指導者 大熊 誠二

実践のねらい

☆主体的に運動に取り組み，自分の「動き」から「技」の獲得に向けて活動する。そのために次の点に重点を置く。
① 「動き」から，楽しさや面白さを体感させる。
② 面白いと感じる「動き」から，器械運動の「技」へと発展させる学習活動を展開する。
③ ホワイトボードを使った情報の共有や，ICT機器の活用で，協働的な学びを支える。

実践のポイント

ポイント① 子どもの実感を大切にして「動き」を楽しむ！

器械運動に対しての子どもの意識を確認するために，単元の開始とともに，器械運動の単元に対しての簡単な意識調査を行った。「器械運動は苦手」「手が痛くなるから，できるならやりたくない」「嫌い」など，器械運動に対する消極的な意見が，大多数であった。

そこで，【大きな動きから体を動かす楽しさを体感させる】ことをねらいとして活動を開始した（跳び箱運動の「空間動作」と「着地」場面を意識させ

大きな動きを感じる生徒

た）。また，ペアでの倒立（共通した定型的な動きで動きを共有させやすくした）などの活動で，「動き」を楽しむことをねらいとした。

生徒の学ぶ姿

・最初は，大きな動きへの意識が困難な様子であったが，徐々に大きな動きから「心地よさ」や「楽しさ」を感じていった。
・自分たちの体の動きや技について話し合う子どもたちに，教師が適切な発問や投げかけをし，話し合いをより活発にした。

幼稚園

小学校

中学校

＼ポイント②／ 「動き」から「技」へと発展させる学習活動を展開する

「動き」を「技」へと発展させることをねらい，グループでの学習活動を展開した。グルーピングは，技能段階が近い生徒同士を基本としたので，同じような技に挑戦していく姿が見られた。自分の動きと，相手の動きを見合いながら，お互いに意見を交換し合い，楽しく協働的に学習活動を進めている様子が見られた。「動き」を楽しむことができたことが，器械運動の「技」につながっていくときに，大変重要な場面となった。

主体的に自分の動きを楽しんでいる様子

指導のキー🔑

「動き」を制限せず，自分たちの発想から，マット運動と跳び箱運動の楽しさを体感させることをねらって授業を進めた。

＼ポイント③／ 協働的な学習活動を通して，主体的な学びへ！

ホワイトボードに骨格筋等の学習資料を提示し，話し合いの中で，体の構造と動きとの関連も深めさせた。また「動き」と「話し合い」との関係を重視し，【ＩＣＴ活用で，互いの「動き」をそれぞれの視点で確認したり，意見を言い合ったりすることで学びを広げる】ことをねらった。

自分の「動き」から，器械運動における「技」に向かっていく姿を，より具現化させるために，学習カードにも「技」の一覧を印刷し，子どもの意識が「動き」から「技」へと向かうように設定した。

グループミーティングで協働的に学ぶ

また，ホワイトボードに子どもたちが自分の考えを書き込むことで，個人個人の学習段階とメンバーとの情報共有ができる段階を，往還しながら発展していくようにした。いろいろな情報を活用しながら問題解決に向かう子どもたちは，協働的な活動を通して，より主体的に学習に向かっていた。

映像を確認し合う生徒

小中連携の先駆け！「小中合同体育」

【地区連携の先駆け的存在】

　小中の保健体育科では，毎年「小中合同体育」を行っている。その歴史は昭和63年度から始まっており，これは地区全体の連携よりも古く，連携教育の先駆けと言える。当初は小学校の体育科の教員が担任する学級と中学校との連携で始まった合同体育だが，その価値を地区全体に広げていくために，対象の学年や種目を設定し，小学校でも体育を専門としない教員でもできるような形で学校行事に位置づけてきた。

【ねらいは「リーダーシップ」「フォロワーシップ」の育成！】

　現在は，3学期に小学校6年生の1クラスと中学校2年生の1クラスで，計3週実施している。小は2クラス，中は4クラスなので，中が1時間の授業に対し，小は2時間連続で行うことになる。かつては「ハードル走」や「ハンドボール」「鬼遊び」など様々な種目を試行してきたが，ここ数年は「アルティメット」「キンボール」「シット＆ソフトバレー」「ユニホック」といった技能差がある程

〈3チーム対抗で行う「キンボール」〉

度緩和されやすいニュースポーツに落ち着いている。合同体育ではそれらの種目を通じて，中学生が計画・運営を行う「リーダーシップ」と，小学生の「フォロワーシップ」の育成をねらっている。

【なぜ中2と小6なのか】

　かつて中1と小6の隣接学年で試行したこともあったが，ライバル意識が芽生えてしまい，うまくいかないことがあった。ではもう少し学年を離してみてはどうかという考えもあるが，この関係はほんの2ヶ月ほどで中3と中1の関係になり，中学校における円滑な人間関係の第一歩になることが期待できるのである。

　もともと幼稚園から小学校で，縦割り関係を大切にしてきている竹早地区のよさを，合同体育やそれに伴う昼食会等を通して，継続していくことで，連携を行っている地区ならではの中1ギャップの解消の一助になっていることは間違いなく，今後も連携が続く限りは，子どもの実態に合わせながら，続いていく行事であると信じている。

（文責：佐藤　洋平）

ゆるやかに9年間をつなぐということ
子どもの成長を4ステージ9ステップに沿って見取り 目標を決めて保健室で関わる

　竹早小・中学校は，ひとつの建物です。保健室は小中それぞれ2階，事務室と管理職室を真ん中に挟んで対象に配置されていて，簡単に行き来ができます。子どもを迎えにいらした保護者が間違えることもしばしば。養護教諭同士も，大事なことだけでなく様々なことを，気軽に報告・相談し，日々の保健室経営に生かしています。

　中：今日，面白いもの見たよ。動画撮っておけば良かったなぁ。
　小：上校庭ですか？　＊中学校の保健室から小学校の校庭がよく見えるのです
　中：うん。小学1年生が縄跳びしてるところに担任の先生がギターを持って登場したの。そしたらそれまであちこちで縄跳びしてた子たちが先生の周りに集まってきて，ギターに合わせて一斉にきれいな輪になって縄跳びを！あれ，授業だったのかな？
　小：なんでしょうね…。そういえば前にも似たようなことありましたね。水着姿の4年生が頭に紙風船をつけて水鉄砲で撃ち合うという。あれは私も何の授業かと驚きましたよ。
　中：あったあった。それを一緒に見ていた中学生が「竹小っぽいなー！」って言ったのよ。彼らの「竹早小らしさ」の認識が面白くてね。
　小：そんなあの子たちももう中学生ですよ。
　中：楽しみだなぁ。あの授業のこと覚えてるかな。話してみよう。
　小：どんなリアクションするんだろ。なんて反応したかまた教えてくださいね。

　ユニークかつユーモラスな活動内容や，学校での出来事を子どもと共有できるのも小中がつながっているメリットのひとつです。なんといっても，9年間の育ちをいっぺんに見ることができるのは，教員としての学びであり喜びでもあります。小学校の先生は中学生になった子どもたちを見ることができますし，中学生になった姿，中学生としてのニーズを前提として保健指導などを組み立てることができます。中学校では，小学校6年間の育ちや，小学校の先生方の見取りやアセスメントを踏まえて現在の姿を捉えることができます。既習の内容を確認し，その上に中学校での保健指導を積み重ねることができます。
　ゆるやかに9年間の成長をつないで，子どもの健やかな学校生活を支え，学びに還元することができたらいいね，と話し合う日々です。

（文責：田岡　朋子・塚越　潤）

技術・家庭科／技術分野

ダイコンの袋栽培を通して
栽培技術を習得する

1 実践のねらい

　日本人の食生活に欠かせないダイコンは，利用の仕方やその時代の消費者の好みに合わせて多様な品種が開発されてきた。本校ではサカタのタネの「冬自慢」を利用しているが，作物固有の生育環境や栽培法を学ばせる上で，ダイコンは教材性の高い作物である。作物の生育過程は栄養生長期間と生殖生長期間からなり，この切り替えは日長や温度，窒素肥料量などによるものだが，栄養生長期間において，主根がまず細く深く伸びる。

　またそれぞれの生育段階で何を優先させて育っていくのか順次性がある。作物の生育の特徴をよく理解し，品種の特性をできる限り発揮させることを踏まえて，作物栽培技術の科学性と作業の意味を学ばせたい。

2 ねらいの実現のための連携の視点

①連携カリキュラム

　技術分野と家庭分野との連携を図るために，本校では平成22年度より，生物育成の内容として，袋ダイコンの栽培とダイコンコンテストの参加（都中技生物育成研主催）を行うとともに，収穫したダイコンを使用して「ダイコン丸ごと調理」の調理実習を行うという実践を行ってきている（過年度にはミニトマトを育成し，家庭分野「食生活と自立」の授業の中で収穫と試食を行った上，どのような調理法があるかを調査し，実際に各家庭で調理するという実践を行っている）。例年は3学期に収穫したダイコンを調理実習「ダイコン丸ごと調理」で使用している。

　ダイコンは生食（大根おろしやサラダなど），煮物（おでんなど），漬け物（浅漬けやタクアン）のほか，保存食（切り干し大根）にも使われるなど，調理のバリエーションが豊富であることから連携を始めたものである。そもそもダイコンの葉は栄養価が高く，慢性的凶作に悩む地方では準主食として重要であったように，その有用性と日本の伝統的な利用の知恵を知ることができるなど，家庭分野の内容として学ばせたい事項も豊富である。また，平成29年度には中学校2年生が小学校2年生に対して，たねまきからかん水の仕方，間引きや追肥の方法を指導しながら，一緒に袋ダイコンを育成するという実践を行った。

②手立て

▶ 生物育成における課題の設定

　本校では，ダイコン栽培を通して栽培に関わる知識や技能の習得をすることはもちろんであるが，いくつかの課題を解決するような内容で設定している。本実践では，2つの課題を設定した。1つ目は，たねまき時に3粒まきと6粒まきの2つのグループを設定した。協同の現象により多粒まきの方が収穫量が多いことは明らかになっているし，事実，教科書等でも5～6粒まきで紹介されることが多い。どちらにおいても長所は，3粒まきは1回目の間引きを省略できること（時間の短縮），6粒まきは子葉の様子を観察しながら間引きを行う技能の習得ができることである。したがって今年度は2クラスで3粒まきを，2クラスで6粒まきを行って，収穫量の変化を考えてみることにした。「冬自慢」については，通常は根長30cm，直径7cm，根重1kgで収穫となることから，これを一つの標準（目安）とすることにした。

　2つ目は，施肥の方法である。施肥には元肥と追肥があるが，ダイコンはいわゆるラストスパート型といわれる肥料吸収を行う作物である。そこでその知識を知らせた上で，通常12月中旬のダイコンの収穫（この場合の止め肥は10月末になる）を1ヶ月遅らせ，1月中旬に収穫するにはいつまでの追肥がよいのか考えさせた。そこで通常通りの10月末止め肥のほか，1ヶ月遅れの11月末止め肥，収穫1ヶ月前の12月中旬止め肥の3種を選択し，それぞれの追肥を行ってみた。当日に計測し，どれがよいのかを考えさせる授業を行った。

③ 実践の成果

　生物を育成することは，生命を育むことでもある。日々の観察や世話などはかなり面倒な仕事にもなるが，自分が育てた野菜には愛着が湧くものであるし，それを食べるのはうれしい。何より達成感がある。そもそも農業は人類の生存の基礎となる重要な産業であり，文化の基は農業であるという言葉もある。また「文化（culture）」は「栽培（culture）」に由来する言葉でもある。

　ゆえに生物育成および調理し食する活動がもたらす教育的効果は高いものがある。本実践では，ダイコンの収量におけるたねまきのまき粒と追肥の関係について考えてみたが，いわゆるこうしたデザイン（目標設定や栽培計画・設計）をして栽培をすることの意義については，おおむね良好な意見が多い。

　今後はタネの良否や大小による選別を行い，それらの生育を比較することも検討している。一方，新しい題材として，チューリップ球根の冷蔵処理による促成栽培を行っている。この結果もおおむね良好なので，ダイコン栽培と同様に，条件における目標設定・調査研究・実践・評価のサイクルができる題材になりうると考えている。

（文責：浦山 浩史）

実践

中学校2年
「ダイコンの袋栽培を通して栽培技術を習得する」

指導者 浦山 浩史

実践のねらい

☆身につけておくべき生物育成の知識と技能を「生物育成のリテラシー」と考え、その習得のために以下の点に重点を置いた。
①栽培に関わる7つの要素（栽培環境）と管理技術を理解する（知識の習得）
②袋ダイコンの栽培を通して，基礎的な栽培技術を習得する（技能の習得）
③生物育成の合理的な技術に気づき，ポイントを思考したり，発見をすることでさらに意欲的な実践に取り組もうとする姿勢を育てる（活用と探究）

実践の流れと指導のポイント

実践①　基礎基本の習得

　基礎基本は，まず教科書に載っていることを教師がしっかりと生徒に教える。例えば肥料なら，肥料の三要素と元肥と追肥についてしっかり理解させることである。次に教えた内容が理解できたか，必ず確認する。できなかったことは生徒同士で学び合いを行う。理解できた生徒が理解できなかった生徒に教える。理解し習得した内容はそれを深化させる。例えば，肥料のやり方として，5号鉢では何グラム，10号鉢では何グラムの肥料をいつ，どこに，どのように与えるかなどの問題を考えさせる。最後に理解確認の課題等を行い，習得しているかを具体的に確認する。これにより生物育成の基礎基本を生徒にしっかり定着させ，知識や技能を確実に身につけた生徒の育成を目指した。

実践②　習得したことを活用し課題を探究する

　習得した知識に加え新たに必要となる知識を教師が補充，それを基に思考させながら課題を与え，それを解決する。自分たちで課題を解決するためにさらに友人と教え合ったり思考したりし，小集団（4人程度の班学習）で協同学習に取り組ませる。分からなかったところは復習することによって，しっかりと

生物育成のリテラシーを習得させる。また習得した生物育成のリテラシーを活用して社会や生活の中で評価・活用することで役立たせ，創造的な思考を深めさせたりする。

一方，学んだ技術は永遠のものではなく，時間とともに風化していく。庭先やベランダ，室内でも生物育成に取り組むことはできる。家庭や地域で継続して主体的に生物育成を実践しようとする態度をもつことは，心豊かな人間の育成につながるものと考える。

🚩 指導のポイント

①ダイコン栽培の袋作り，②たねまき，③間引きと追肥，④止め肥，⑤収穫と評価の5時間（①と②を同時に行う場合は4時間）は，きちんと時間を確保する。

生徒の学ぶ姿

- 学習の感想
- 一つの作業にはきちんと意味があって，「なんとなく」で行うものはないことが分かった。作業の意味が分かるとそれを達成するにはどういった工夫が必要か，自分で考えることができる。だから作業の意味を理解することは重要だと思った。
- ダイコンのたねまきから収穫までを行うのは初めてだった。始めは分からないことだらけだったが，一つの大切な命が育っていることに気づき，楽しくなってきました。他の人より小ぶりですが，誰よりもかわいい私だけのダイコン，収穫できてうれしいです。

外国語

伝え合う力・コミュニケーション能力の育成
―インプット，インテイクから発信につなげる―

1 実践のねらい

　本竹早地区では，外国語・英語の指導における共通の教材観の一つの項目として，「音声によるインプット」を重視し，「音声による十分なインプットを与え，自然な形でアウトプットにつなげる指導」を目指してきた。教師による Teacher Talk や教科書教材のCDのリスニングなどの音声によるインプットから，内容を理解した上で，聞こえた音声をリピートしたり，教材を音読したりする段階でのインテイク，そして十分に練習した上で，自己表現につながる発表などのアウトプット活動を行う。
　本稿では，連携カリキュラムとそれに基づく指導，手立てに言及した上で，小学校・中学校それぞれの具体的な実践例について紹介したい。

2 ねらいの実現のための連携の視点

①連携カリキュラム

　本竹早地区の連携カリキュラムにおいて，子どもたちの英語の習熟過程を「言葉の面から」「内的な面から」「異文化理解の面から」という3つの視点から捉えている。小学校では簡単な英語を聞いて分かること，また自分のことや身の回りのことを簡単な英語で表現できるようにすることを目指している。また中学校では本格的に文法や語法を理解し，語彙の増強を図ること，また表情やジェスチャーなどの言葉以外の表現力も使いながら豊かに表現し，その一方で英語での理解力も高め，言葉の壁があってもコミュニケーションを諦めないことを目指している。異文化理解についても，小学校では毎年開催している留学生との交流会で，日本の風物や名所などを紹介することを目標に実践している。中学校では検定教科書を中心に，各単元で取り上げられている題材を通して，外国の事情や日本の文化，自分たちを取り巻く様々な事象を英語で学習し，理解を深めている。本稿で取り上げる実践については，小学校4年生はステップ4からステップ5へ成長していく時期，中学1年生はステップ6にそれぞれ該当する。小学校4年生では，外国語活動の中で出会った英語の簡単なフレーズを用いて，自己紹介などの形で友達に自分のことを伝えられるようにサポートし，指導している。また中学校1年では中学生としての学習習慣をつけるための指導を進めながら，ほとんどの生徒が初めて教科としての英語学習を開始する時期であることを踏まえ，まずは英語の音声，そして文字を小学校での学習内容に重ねながら確認し，簡単

な自己紹介や ALT とのコミュニケーション活動ができるように指導している。

②手立て

ⅰ）　言葉の学習指導の面から

　学習した英語表現を自然な形のアウトプットとして引き出せるように，英語の音を十分に聴かせることを大事にしている。できるだけ分かりやすい表現，既習の表現を使ったインプットを心がけるが，新出表現を提示しながら分かりやすく言い換えたり，視聴覚教材を提示したりして，できるだけ英語で理解させるためのサポートを行うようにしている。

ⅱ）　コミュニケーションへの態度の指導の面から

　外国語でコミュニケーションをする際に，言葉の壁があるがために言いたいことが伝わらない，相手の話の中で未習の表現があるため理解できないなどのことは往々にして生じるが，そのようなときであっても分からない表現などを聞き返したり，ジェスチャーや表情などの非言語的手段も用いたりして，コミュニケーションへの努力を促している。

　またクラスメイトの前で発表することを苦手とする子どもも必ずいるので，そのような児童・生徒に直接または集団全体に発表をするように働きかけるだけでなく，間違うことを心配する必要のない雰囲気を作るなど，日頃から発表しやすい学習集団を育てること，また教師の側でも子どもが安心して挙手し，発表することができるようなフィードバックやフォローをすることが大切であることは言うまでもない。

ⅲ）　異文化理解の指導の面から

　外国語を学ぶことはその言語を話す人々の文化的背景を学ぶことでもある。そして異文化を学ぶことで自分の国の言葉や文化に対する理解がより深まる，新しい気づきが生まれ，英語という手段を使って発信することにもつながる。英語を通して学んだこと，また他教科で学んだことを通じて外国の事情を知り，同時に日本についても理解を深めていく。小学校での留学生交流会や中学校での日本文化紹介などの活動で，日本の伝統的また特有の風物や紹介したいものなどについて考え，それぞれの発達段階に合う英語表現を使って発信することを促している。

３　実践の成果

　発表をすることが苦手な子ども，また普段挙手をしてクラスで積極的に発言をしない子どもも，英語で発表する機会をもち，自信につながったケースも見られた。トピックが異なる場合でも，教師側で子どもたちが発表したくなる雰囲気をつくり続けることで，発表の機会で挙手する生徒が増え，子どもたちの積極的な参加につながるといえる。

（文責：松津　英恵）

実践

小学校4年

「"Me Book"で自己しょうかい」

指導者〉宮嵜 佐智子

▶ 実践のねらい

☆これまでに使えるようになった英語を使って "Me Book" を作成し，それを使って自己紹介をする。

①「子どもにとって簡単な英語での表現」を繰り返し使う。

②学習した英語が使えるようになる実感がもてる。

③決められたフレーズでなく，自分のことを表現する。

▶ 実践のポイント

\\ ポイント① // 学んだ英語を使う

子どもたちに，今まで学んだ英語を使って "Me Book"（私についての本）を作ろう，と投げかけた。

「自分のことで言えることに，どんなことがあるかな？」

と，問いかけると，「名前」「誕生日」「電話番号」「好きなこと」「好きじゃないこと」「できること」など，これまでに使ってきた英語で言えることが挙がった。この中から，本に盛り込むことができそうなものを選んで "Me Book" を作ることにした。

\\ ポイント② // 自分のことを英語で表す

名前と誕生日については，英語のフレーズは言えるものの，表記は初めてなので，ページにはリード文をつけ，担任が書き方の見本を提示した。

その後，好きな物や好きなこと，できることのページづくりに取りかかった。

好きなことを想起させるために，これまでの活動で扱ってきた「色」「スポーツ」「動物」「食べ物」

My name is
Sachiko Miyazaki
My birthday is
Aug. 24

「スイーツ」「ハロウィンのキャラクター」のポスターを掲示して，好きなことや好きではないことを言い合った。そして，本に書きたいことをメモにまとめ，"I like …." "I don't like …." のリード文が書かれた用紙に，絵や写真で "I like" のページづくりをした。

　好きなことや好きでないこと，できることに関しては絵や写真でページに表し，英語で話すこととした。好きな物や好きなことをたくさん描く子が多くおり，本のページには，その子の好きな物や好きなことがあふれ出ていることが感じられた。

子どもの学ぶ姿

「フクロウが好きなんだけど，
英語では何て言うのかな…？」
英語の言い方で迷ったりわからないことがあったりしたときには，自分からJTEの先生に聞きに行きます。

\ポイント③/　"Me Book"を使って自分のことを英語で話す

　"Me Book"が完成したら，"Me Book"を見せながら自己紹介。順番はくじ引きで。名前カードをひいて，こう聞き始めると…
　"My birthday is in December.
　My name starts with T.
　Who am I?"
「えっ！○○ちゃん!?」「□□くん!?」と視線が注がれる。照れくさそうな笑みを浮かべながらその子がみんなの前へ。楽しい雰囲気で自己紹介が進んだ。

　自信があまりない子も，手にした"Me Book"が手がかりとなり，本を見せながら紹介することができた。

　その後，留学生交流会が開かれた。そこでは，留学生の方と初めて聞かせる隣のクラスの子に向けて，"Me Book"で自己紹介をした。

指導のキー

実際に自己紹介をするときには，多少の間違いは気にしない。その子が自ら発した英語をそのまま受け止める。それが自信や実感につながる。

実践 中学校1年

「教科書のDialogを利用した発表活動」

指導者 金枝 岳晴

実践のねらい

☆教科書のダイアログを利用して、生徒がペアで主体的に取り組める表現活動を行う。
①教科書のダイアログの音読活動で、発音、プロソディなどにも気をつけた音読がペアでできるようにする。
②教科書のダイアログの一部を変えて、ペアでダイアログを作成する。その際、スローラーナーにも配慮し、どう変えるとうまくいくかを指導する。
③発表のあとにはフィードバックを行い、他のペアの参考になるようにする。

実践のポイント

ポイント① ダイアログのオーラルイントロダクションの音読活動では

本パートの言語材料は「一般動詞の疑問文とその受け答え」である。オーラルイントロダクションでは、ダイアログの内容を導入するだけでなく、新言語材料を音としてインプットすることをねらいとする。言語材料の形と意味がキャッチできたと判断できたら、生徒にその文をリピートさせて口慣らしを行う。いわゆる mim-mem である。

Part 2	質問をしよう

授業後、咲はディーパにいろいろ質問をします。

Saki: Do you practice the guitar every day?
Deepo: Yes, I do. I practice at home.
Saki: Do you play the piano, too?
Deepo: No, I don't. But I sing.
Saki: Really? Do you write original music?
Deepo: Yes, I do.

文字と音を結びつける活動では、単語カードを用いた新語の発音練習を行う。その際に、フォニクスの観点から「この綴りはこう発音する」という部分にアンダーライン等をつけて、発音練習を行う。

＜例＞　piano　write　sing

　　※二重線はアルファベット読みを表す。
　　※単線は「組み合わさって決まった音を表す部分」につける。この例ではngが /ŋ/ を表すことを指導する。

音読練習では、chorus reading, part reading, buzz reading, pair reading など

の方法で音読練習を行うが，このときに個々の音素の発音だけでなく，プロソディについても指導する。

ポイント② ペアでのダイアログ作りでは

教科書のダイアログの一部を変え，自己表現に近づける。工夫のポイントとして次のような点を指導する。

- 教科書の登場人物の名前を自分たちの名前に置き換えるのは，最も簡単で，どのペアでも取り組めるものである。
- 本パートでは演奏する楽器が話題になっている。この楽器名を自分が本当に弾けるものや，架空の話でもよいとして，他の楽器名に変える。必要があれば，いくつかの楽器名を指導しておく。
- 「楽器を演奏する」を「何かのスポーツをする」などに置き換えてもよい。
- 単なる置き換えに終わらないために，自然な対話であるかを意識させる。

ポイント③ 発表では

- ペア作り

私の授業では，毎週席替えをしてなるべくいろいろな人とペアになるようにしている。「どんな人とでも協力して発表できる生徒」を育てたいからである。

中には消極的な生徒もいるが，（私はペアの一人が手を挙げたらそのペアを指名するので）新しいペアが積極的に手を挙げる生徒だったら，消極的な生徒にも発表のチャンスが与えられることになる。

- フィードバック

発表さえすれば，どんなパフォーマンスに対しても Good! と教師が言っていると生徒はやがて見透かすようになる。生徒には常に「向上」を意識させたい。例えば他の生徒もつまずきそうな発音や，対話として不自然な部分があれば指摘してフィードバックを与えたい。発音指導では発表した生徒だけを指導するのではなく，「全体→個人→個人→全体→個人」のように指名し，全体で練習させる。

指導のキー

①音声面や内容ばかりでなく，アイコンタクトなどノンバーバルな面でもよかった点をコメントする。他のペアが真似するようになる。
②自己表現とはしているが，架空のこととしてもよいとする。

生徒の学ぶ姿

それぞれのペアは楽器名を変えたり，ペアの名前を使ったりして発表することができた。また，多くのペアでアイコンタクトをとりながら発表する姿が見られた。ほとんどのペアが積極的に手を挙げた。

参考文献：笠島準一 他（2016），『NEW HORIZON English Course 1』，東京書籍.

人間グループ／道徳・総合的な学習の時間・特別活動

横断領域としての「人間グループ」の性質

1 実践のねらい

　人間グループは「道徳」「総合的な学習の時間」「特別活動」の３領域を，竹早地区の連携研究のテーマである「主体性」に基づく活動となるよう，学ぶ子どもの側から再構成するために設けられた研究グループである。

2 ねらいの実現のための連携の視点

①連携カリキュラム

　人間グループでは，連携カリキュラムを再構成するのに当たり，「自己の確立」「環境の追究」「環境との関わりの追究」の３つの視点で活動内容を整理している。ここで使う「環境」という単語は，物的な環境だけでなく，保護者や友達，教師や地域の人々をも含む人的環境，さらには，地域社会や自然環境なども含んだ「子どもを取り巻く全てのものや全ての事象」を意味して用いている。小中学校が協力して実施している交流活動について，その内容やねらいを９年間の学校生活の中に整理して位置づけたものを以下に示す。

●自己の確立
　自分の内面を見つめ，よりよい自分を目指して自己の人生を切り開こうとする。
　（キーワード：自分の成長，自分のよさ，健康・安全，規範意識，自分の生き方など）
●環境の探求
　自分の興味・関心を見つけ，自主的・計画的にそれを探求しようとする。
　（キーワード：自分の興味・関心，探求，表現など）
●環境との関わりの追究
　社会や自然，身の回りの人々との関わりの中で自分の役割をみつけ，積極的に関わりをもとうとする。
　（キーワード：友達や家族との関わり，社会や自然との関わり，役割，思いやりなど）

---

②手立て

　主体性を育むために，私たちは，キーコンピテンシーに着目して活動を３つの側面で捉えることとした。そこで育む力について整理し，手立て・指導法をまとめたものが次に示す表である。

主体性の３側面	手立て	方法
（知識，技能，考え方，情報等の）道具を活用する力	他の学びや実生活と結びつけて，自分の興味・関心のあることを見つけさせる。	・調べ学習 ・ワークシート ・プログラミング
他者と交流し，集団として高めあい，協働的に学ぶ力	社会や自然，身の回りの人々との関わりの中で自分の役割を見つけ，自分の生活経験と照らし合わせて交流させる。	・ペア交流 ・グループ交流 ・ＫＪ法 ・対立構造の可視化
自分あるいは集団の願いに基づき，判断する力	自分の特徴やよさを認識できるように自分を見つめさせ，認識をもとに，よりよい生き方について考えさせる。	・ワークシート ・日記（作文） ・ロールプレイ

▶ 一人ひとりの立場を明確に示す

　それぞれの方法に共通していることは，活動の中で児童・生徒一人ひとりの立場を明確にしている点である。立場を表明し，話し合いの中で自己の立場を変化させることを認め合うことによって，伝えることが相手を納得させるための主張になり，お互いに聞き合うことが深く理解していくことにつながり，それらの往来によって活動における交流の価値を上げることとなった。

3　実践の成果

　ここ数年，小学校では「総合的な学習の時間」，中学校では「道徳」を中心に研究授業を行ってきた。実践例で示す「つまようじアート」の活動をはじめとして，児童は課題を見つけ，一人ひとりの思いや考えを可視化する手立てを通して，「協働」を生み出すことができた。中学校「道徳」では，学校生活における生徒の切実な課題を積極的に授業の題材として取り上げ，「ワールドカフェ」や「ＫＪ法」などの手法を用いて様々な価値観や視点を共有する中で，自分自身を再認識しつつ，他者理解を深めることにつながる活動となった。小学校で話し合い活動を重視した実践を重ね，「話し合い方」を体得した児童が中学校に進学することにより，『特別活動』だけでなく，他の教科・領域においても充実した話し合い活動が展開された。

　人間グループ全体として結論に帰結するのではなく，オープンエンドが許容される教科・領域の特性から，主体性そのものに焦点を当てることができつつ，クラスの現状に合わせた実践を展開できたことも成果である。何より，各校種の教員が集まり，長いスパン（ステージステップ）で児童・生徒の変化を捉えながら，適時性と即時性に優れ，児童・生徒が必要感をもてる主体的な活動を展開できたことが，人間グループの大きな成果である。

（文責：佐藤　正範）

実践

小学校5年
「ぷすぷすアイランド♥
～つまようじの世界へようこそ！～」

指導者〉茅野 政徳

実践のねらい

☆多くの候補の中から年間を通して追究する題材に"つまようじアート"を選択した子どもたち。その題材や活動の進め方に対して自ら"？"や課題を見つけ，思考と活動を往還し，主体的・協働的に解決することを繰り返しながら，クラス独自の活動を計画的につくり上げる。そのねらいを達成すべく，描く内容を吟味しながら1万本，3万本，そして8万本の作品づくりに挑戦した軌跡である。

実践のポイント

ポイント① 「考える⇔やってみる」思考と活動の往還とバランスを保つ

　全員で活動する価値がある！　形に残せる！　高度な作品に進化していける！…説得力のある意見が積み重なり，クラスの総合活動が"つまようじアート"に決定した。つまようじは身近にありながらも製造過程や起源などの知識は乏しく，作品制作の経験もない。子どもたちにとって，知っているようで知らない「半未知」の題材だからこそ，次のような課題が見いだされた。

- ・つまようじはいつ頃，どのように作られたのか。外国にはないのか。
- ・作品の絵柄を何にするか。また，つまようじの色付けはどのように行うか。
- ・作品制作のために，何万本ものつまようじをどのような方法で集めるか。

　作品制作に使う大量のつまようじをどのように集めるか，という課題で話し合ったときのこと，「お願いしてもお店は断られそう」など心配の声が上がった。そのとき，「ぼくはコツコツ集めているよ。近所のお店に聞いてみたら協力してくれる所があったよ」と実際に行動した

全校集会で協力のお願い

子どもが主張し，「まず，校内から始めよう。その結果を受け，また話し合おう」と具体的な活動が提案された。全校集会の場でお願いをし，全クラスにつまようじを入れる箱を置かせてもらった結果，何万本ものつまようじが集まり，無事作品制作がスタートした。課題解決のために，話し合いなどの思考の場と実際に活動する場が往還するよう導き，思考と活動のバランスを保つことが第1のポイントである。

\\ ポイント② // 思いや考え，立場を可視化し，共通点やずれを共有する

1万本の作品は，全員で訪れた秋の奥日光の美しい紅葉。3万本は，つまようじアートを最初に提案したKくんがこだわり続けた海の世界。そして最終作品に取り組もうとした子どもたち。推したい絵柄も思いも分かれ，紛糾していた。

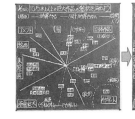

そこで小黒板と名札を用い，立場を可視化した。左が話し合いの前，右が話し合い後の分布となる。いくつかのまとまりに集約され始めていることが分かる。立場が明確になると話し合いは相手意識を帯び，活性化する。小黒板は常に教室に置いてある。活動がない日でも小黒板の前で意見交換する姿が見られた。8万本の最終作品は，「全校の協力があったからこそ，この活動がある」「全校が関係する絵柄にしたい」などの意見から，児童会活動の中核をなす「たてわり班での遠足」に決まった。

指導のキー 🗝

名札を使って立場を示す。課題を二項対立にして分かりやすくする。一人ひとりの思いや考えを一覧表にして配布する。考えや理由を端的に表し，自覚できるよう，思考ツールを用いる。板書に発言者の名前も併記する。用いる思考ツールや対立軸に沿って板書を構造化する。…教師の工夫が一人ひとりの子どもを生かし，輝かせる！

\\ ポイント③ // 他者との関わりが，活動と作品をよりよくする原動力となる

作品づくり体験コーナー

毎年秋に行われる文化的行事である竹早祭で本活動の途中経過を発表した。すると，2日間で約1500人がブースを訪れ，アンケートも400枚以上が集まった。そこには，「小さいもので大きなものを表現する努力に感動」「立体感，アイデアに驚いた。アートの極み！」「クラス全員で作り上げて素敵だった」など，子どもたちの励みとなる温かな言葉が残されていた。また，ふさわしい絵柄を問うと，竹早小に関係のある題材が数多く書かれていた。このアンケートは，「大きな作品で感動してもらいたい。もっと笑顔になってもらいたい。」という願いにつながるとともに，最終作品の絵柄を「たてわり班での遠足」にする礎ともなった。

本活動は全校児童や家族などの協力なくしては成り立たず，必然的に多くの人たちと関わる場が設けられた。何より関わり合ったのは40人の仲間である。一人では何万本もの作品は作れない。同じ目的をもち，一人ひとりが自分の役割を果たし，大作品の一部を担う。そうして生み出された作品には40人の思いと，多くの人たちへの感謝がこもっている。

3つの大作品とともに

実践 中学校1年

「感謝と思いやりの気持ちをもって」

指導者 菊地 圭子

🚩 実践のねらい

☆思いやりの心をもち，感謝し，それに応える大切さに気づき，意味を考える。
① 「自己」の内面に迫り，どうしたら「いじめ」を解決していくことができるか。
② 「いじめ」を解決していく手段として，自らが内包している「感謝」「思いやり」の気持ちに気づかせ，実践しようとする態度を育てられるか。

　本時の実践は，1学期の『道徳実践Ⅰ「自分を見つめ伸ばす」個性の伸長　A－(3)　相互理解・寛容　B－(9)』，2学期の『道徳実践Ⅱ「よりよい学校生活　集団生活の充実」よりよい学校生活・集団生活の充実　C－(15)』の実践を踏まえて行った。今回の道徳実践Ⅲは，自己理解，他者理解を経て，真の自己肯定感を考え，身につけてほしいと願って実践した。『思いやりの心をもって人と接するとともに，多くの人々の支えや善意により日々の生活や現在の自分があることに感謝し，進んでそれに応える大切さに気づき，意味を考える。B－(6)』という目標を念頭に，うわべだけの思いやりではなく，苦楽をともにした仲間として，真の思いやりに気づいてほしいという願いで実践を行った。

🚩 実践のポイント

　ブレインストーミング，KJ法，ワールドカフェなどを活用し各々の立場になりきる活動を通して「いじめ」を解決していく手段を学ぶ。

ステップ①それぞれの立場に立って，自分で意見を主張してみましょう！

　多くの生徒の意見から，「いじめはいけない」という一般的，一面的な意見はほとんどなく，自分の言葉で書く独自性が見られ，多面的な立場や考え方を踏まえた意見が多かった。どの立場の生徒も相手を思いやる多面的な視点からの意見を述べていた。また，自分のクラスの問題としての投げかけの応答の中には，「参考にしたい」といった短絡的楽観的な感想ではなく，難しさにも言及する現実的な視点からの意見も見られた。さらに，混在した視点を持った感想も見られた。最終的は，課題意識のある意見まで言及する生徒もいた。自分たちの課題の取り組みを振り返りながら，普遍的なテーマである「いじめ」についての問題

授業の様子

に考えが及ぶことが多くの場面で見られた。

ステップ②どうしたらいじめがなくなりますか？解決策を考えましょう！

ワールドカフェ

"立場"を明確にした《結論》の発表の際に，傍観者班のホワイトボードを見ると4つの立場のコメントが見られた。傍観者の立場の生徒は，全体を見る傍観者の立場を実際に感じ，考えるために被害者，加害者，観衆の立場の意見も考えた上で，自分たち傍観者の意見も発表していた。本来，一つの立場で考えるように促したが，「『傍観者』という立場に立って考えるとき，4つ全ての立場に立って考えてみないと，傍観者の立場が分からない」という考え方だった。生徒自身があえて4つの立場を傍観者として考えたのだと分かり，「ロールプレイではなく立場になりきって考えることを実践している生徒の姿」を見ることができた。生徒たち自身が活動をしながら，必要と思った活動を追加していくことも見られた。ファシリテーションのワールドカフェを用いて，意見を交流することで客観的に立場と等距離で思考することを目指した。"異なる立場"で話し合いをするときに，意図的に男女でグループを分けたが，意見交流が難しい場面に同性のグループを作ることで，一気に話し合いが進む場面も見られた。

発表

指導のキー 🔑

主発問「どうしたらいじめがなくなりますか？」
補助発問「自分のクラスの問題としてどのように解決をしたらいいでしょうか」

ステップ③いじめをなくすために何が大切でしょうか？

実践の最後の発問に対して生徒から出てきた言葉は，下記の「板書」の内容であった。実践のねらいは「感謝」「思いやり」であったが，協調することの大切さが優先的に出ていた。道徳の授業実践としては，抽象的なテーマ「いじめ」について様々な立場で考えてみたが，その中でクラスでも起こりうる問題として，最後のまとめでキーワードという抽象化の高い作業を行った。「具体」と「抽象」の往還，「事例」と「原理」の往還がみられた。まさに，主体的な活動が行われた瞬間であった。

板書　'ユニゾン' '協調' '広い視野' '大きな心' '寛容な心' '広い心' '話し合い' '勇気' '思いやり' '愛' '協力' '大きな器' '絆' '友情' ……

生徒の学ぶ姿

・第三者の行動がとても重要だと思いました。『自分には関係ない』ではなく，"クラスの"問題として考えていくことが大事ですね！（傍観者役）
・自分の意見を言ったり，相手の意見を聞くことでいじめが解決すると思いました。もし，これからいじめがあったとしたら，他人事にせずしっかり受け止めて，残りの生活をムダなく過ごしたいです。（被害者役）

竹早祭
～クラスの仲間と追究してきたテーマを紹介・発表する場～

　竹早園舎・小学校のイベントといえば1学期の「竹の子祭」，そして2学期の「竹早祭」です。竹早祭は毎年11月に，普段のクラスの取り組みを保護者や他学年・クラスの児童に発表することを目的に開催されています。また，クラスの発表以外にも，縦割り班やたけのこタイム，子どもの奏楽といった日常の活動の様子も展示しています。

　一般的な学芸会と違う竹早祭の大きな特徴は，それ自体が活動の目的ではない，というところです。多くのクラスでは子どもたちから生まれる様々な思いや願いを実現すべく，一学期から何度も話し合いを重ね，仲間や担任とともにクラス独自の活動をつくっています。この活動は，学習活動から派生したものもあれば，自分達でテーマを決めて長期的に探究したり，作品を仕上げたりするものもあります。よって，竹早祭当日の発表は，それまで進めてきた活動のひとつの通過点に過ぎません。しかし，竹早祭があることで，発表を踏まえてたくさん話し合い，ときに意見がぶつかったり，次々と出てくる課題を協力して解決したりする経験は，子どもたちに大きな自信と達成感をもたらします。もちろん，活動内容によっては，形の上でそれをゴールに位置付けているクラスもありますが，いずれにしても，この竹早祭の発表をもって完結とするのではなく，扱った内容や，発表することで発見した課題，経験したことを次の活動に生かし，つなげていくものであると考えています。

（文責：倉次 麻衣）

スーパーマーケットにはどんな工夫があるのかな？
実際に見たりインタビューしたりして調べました。
「学んだことを生かしたお店を自分達も作ってみたい！」
そんな子どもたちの思いがきっかけになりました。

必要な材料は自分達で調達します

当日は，幼稚園も含めて他学年の児童，保護者がお客さんです。これまでの取り組みの成果を見て，お客さんも感想や意見を書いてくれます。この擬似体験を通してさらに活動は続きます

文研

「竹早中学校らしい行事って，何ですか？」

このような質問を受けたとき，真っ先に私の脳裏に浮かぶのは「文研」である。

「文研」の柱は５つ。「文化部・委員会発表」「自由研究・卒業研究発表」「合唱コンクール」「有志発表」「後夜祭」であり，そのすべての柱で，竹中生のエネルギッシュかつアカデミックな活動が存分に堪能できる。

「文化部・委員会」では，15団体以上の文化部や委員会が，日ごろの成果をこれでもかとアピールする。鍛え抜かれたパフォーマンスを披露する吹奏楽部，演劇部など。美術部，ハンドメイド部らは，磨いた技能を見せつけ，オムニサイエンス部は科学的な実験で観衆の度肝を抜く。ケーキや蕎麦などを職人顔負けに作ってみせる部活もある。

「自由研究・卒業研究」は個人の見せ場だ。全校生徒が自ら設定した研究課題について，調べ，実験して成果を示す。文研で展示をするのは決まっているが，生徒たちは誰に見せるためでもなく，まして成績のためでもなく，純粋な知的好奇心のままにその活動を行うのだ。なかには１年生の研究課題を，そのまま３年間継続してやり抜く生徒もいるほどだ。だから，どの作品からも濃く熱いエネルギーが立ち昇っている。必然，成果物のレベルも，大学生の卒業論文をしのぐ出来栄えのものが珍しくない。

「合唱コンクール」は，各学年別のクラス対抗で行われる。学年No.1をめざして，ほとんど２か月近くの準備・練習を経て本番を迎える。練習期間中はどのクラスも火花を散らすような真剣さでそれぞれの楽曲と向き合っている。

「有志発表」と「後夜祭」は，自由参加。「出ても出なくてもよい」扱いなのだが，参加希望者が足りない，という年はあった試しがない。教員による厳しい内容審査と予算の制約も何のその。毎年，あの手この手と（悪）知恵を絞った企画が目白押しだ。「お化け屋敷」や「アトラクション」では審査を通らないから「恐怖心の研究」，「反射神経の研究」などと看板を変え，それでもそれらしい研究内容をきちんとそろえて示すあたり，教員も苦笑いをするしかない。

特筆すべきは，上記のすべての活動を竹中生が自ら積極的に取り組んでいるということ。教員がお膳立てするでも，ましてはっぱをかけるでもない。むしろ過激にならないように手綱を絞る必要があるくらいだ。そしてそれさえも，「文研委員会」という生徒による実行委員会がうまく統制を取り，実に規律ある行事として成立している。

この知的探求心。この情熱。竹早中らしさ，ここに極まりといったところだろう。

（文責：堀内　泰）

生徒主体でつくる魅力あふれる宿泊行事

　5月中旬には全校一斉の校外学習が行われ，校外学習委員として選ばれた生徒たちを中心に，2泊3日間の計画を立てていきます。委員になると，しおりづくりはもちろん，学年それぞれの目的に応じて，レクリエーションを企画・運営したり，集団生活を通して親睦を深めあったり，助け合いや学び合いの機会をつくることが主な仕事となります。竹早地区の主体性を育む活動がもっとも顕著にあらわれる場面でもあります。

　第1学年は長野県菅平高原のホテルに2泊し，自然体験・民芸品づくり・飯盒炊爨・スポーツ大会・キャンプファイヤーなどを通して，親睦を深めます。

　第2学年は長野県白馬村の民宿に分宿して雪上体験・郷土料理づくり・農業体験・モノづくり体験など沢山の体験学習を経験します。

　第3学年は奈良・京都の歴史・伝統を少人数のグループ活動を通して体験します。学問をおさめるための旅行なので，前年度から事前学習に時間をかけて取り組みます。

（文責：上園　悦史）

生活の記録
～自分の活動を自らがふりかえり評価する～

　竹早小学校にはいわゆる「通知表」と呼ばれるものがない。その代わりにあるのが「生活の記録」である。一般的な通知表には，担任や専科教員が，その子どもの学習状況や生活状況を学期ごとに観点を定めて評価したものを記載しているところがある。その記載方法は，「大変良い―良い―努力しよう」のどれかに○をつけるものであったり，文章による記述によるものだったりする。この部分が竹早小学校では，子ども自身がその観点についてふりかえり，自らを評価するのである。（図1は3年生のもの。低学年は2段階，3年生以上は4段階での評価）竹早小学校の生活の記録は，教師による他者評価ではなく，自己評価を大切にしているのが特徴の一つである。また，竹早小学校では，「国語の時間で学習したことを評価する」と教科内での評価に限定するのではなく，他の活動でも当てはまるものがあればそれも含めて評価の中に入れる，と考えている。

　もう一つの特徴は，子どもが指標だけでなく文章で自らを評価するところにある。一番最後の欄が一つ空いている。それは，自分が頑張ったところ（頑張れなかったことを書く子どももいる）を書けるように設定してある。これがあることで，どの項目にも当てはまらないものを書きたい子どもの願いに対応している。そして，最後には「精一杯降り組んだこと」として，自らの生活や学習の様子を文章で表現させる。そこに書いたことを担任が読み，その内容を受ける形で「総合所見」を担任が書くのである。一般的な通知表は，保護者に対しての説明調で書かれる場合が多いと思うが，「生活の記録」ではその目的ゆえ，子どもに対しての所見となる。そのため，1年生では漢字がほとんど使われず，表現も1年生が理解できる表現になるよう配慮がされている。

（文責：岩岡 敬祐）

竹早地区連携教育研究に期待すること

目白大学名誉教授　金沢学院大学教授
多田　孝志

　先行き不透明でダイナミックに変化するグローバル時代の到来は教育に何を求めているのであろうか。地球環境問題や貧困・難民問題にみるように，一つの原因が一つの結果をもたらすといった従来のパラダイムが通用しない。複数の原因と複数の結果が対峙する複雑な状況に私たちは直面している。こうした状況は，未来社会に担い手を育成する今後の教育の在り方に新たなパラダイムへの転換を求めている。

　課題は，グローバル時代に対応した資質・能力，技能を持つ人間の育成である。東京学芸大学附属竹早園の教育実践研究は，そうした新たな教育の方向への具体的な取り組みを志向したものであったといえよう。

1. グローバル時代の教育が育成すべき「知の総合化力」

　あらたな教育の方向を検討するため，グローバル時代に対応した資質・能力，技能について考察していく。

　時代の変革期に対応し，希望ある未来社会に担い手の育成を志向してスタートしたのが国連持続可能な開発のための教育（ESD：education for sustainable development）である。総務庁を中心に外務・通産・文部・環境省等の各官庁の代表および有識者委員によって構成された関連庁連絡会議の「国連持続可能な開発のための教育（ESD）の10年」実施計画報告書（2006）は「育みたい力」を以下に記している。

　　ESDにおいては，問題や現象の背景の理解，多面的かつ総合的なものの見方を重視した体系的な思考力（システムズ シンキング（systems thinking））を育むこと，批判力を重視した代替案の思考力（クリティカル シンキング（critical thinking））を育むこと，データや情報を分析する能力，コミュニケーション能力，リーダーシップの向上を重視することが大切です。また，人間の尊重，多様性の尊重，非排他性，機会均等，環境の尊重といった持続可能な開発に関する価値観を培うことも重要です。このような技能や価値観を培い，市民として参加する態度や技能を育むことが大切です。

　報告書の骨子である「多面的かつ総合的なものの見方の重視」は，未来の人間形成の基調におくべき提言である。

　未来の社会の教育の方向については，さまざまな識者により提言もされている。

　教育学者トニー・ワーグナーは，グローバル時代に「生き残るための7つのスキル」（『未来の学校』2017）を示している。すなわち，論理的思考力と問題解決能力，ネットワークによる協力と影響力によるリーダーシップ，機敏性と適応能力，イニシ

アティヴと企業家精神，口頭及び文書によるコミュニケーション能力，情報にアクセスし，分析する能力，好奇心と想像力，である。また，ノーベル経済学賞を受賞したＴ．ヘッセマンは，「IQや学力，記憶力といった計測できる認知力だけでなく，思いやりや意思力，忍耐力，社交性，協調性など，非認知力の土台作り」（『幼児教育の経済学』2016）が必要と主張している。ワーグナーやヘッセマンの言説は従前の理性偏重から感性・霊性また多様な体験をも包含した知の総合化の必要を示していると受けとめられる。

「知の総合化」に関わって，ドイツを中心として欧州の教育の動向を研究する原田伸之の論考（『ドイツの協同学習と汎用能力の育成』2017）が注目される。原田は，ドイツの教育改革における学力（能力）観の変遷について丹念に分析し，緻密な考察をした。その上で，学力観の国際的再定義が行われ，細分化された学力から，「共鳴し合う集合体」，複合的な能力として統合する「集合体としての連合的な能力」，人間の非認知的な態度を包括する「広域学力概念」（総合的人間力）の育成が希求されている現状を報告している。原田の指摘は，我が国の教育が目指すべき学力（能力）について検討する視点とその方向性について示唆を与えてくれる。

　こうした言説に示唆をうけつつ，筆者は今後の教育の方向を次に集約している。

　○　狭義な科学知から総合知へ
　　　論理性や数値の分析に依拠した科学的知見偏重から，理性とともに感性など
　　　を包含した新たな統合・総合知の重視
　○　多様の活用，多様なものを巻き込む（Trans disciplinary）アプローチ
　　　人，モノ，事象などの多様な教育資源やズレ，異見，対立などを巻き込んで，
　　　新たな知的世界を探究していく学びの方向
　○　視野の拡大・複眼的思考
　　　対象を外から見ることの重視，多様な視点からの見方，考え方の意図的活用

2. 竹早学校園の実践研究の意義

　教育の新たなパラダイムへの対応が求められていることを念頭においたとき，幼小中の連携に関するカリキュラムの作成から検証まで行った，東京学芸大学附属竹早学校園の実践研究の意義は多大である。その意義を「連携」と「主体性」をキーワードに考察してみよう。

⑴　幼小中連携カリキュラムの検証～実践に基づく「連携」の推進

　竹早地区幼小中連携教育が探究してきた「連携」は，総合知の探究，多様の活用，視野の拡大・複眼的思考を基調においてきたとみることができる。

　実践事例を考察してみよう。幼稚園・小学校（２年生）の連携では，「やりたいことを存分にやろうとする」時期と捉え，たとえば，キッズフェスティバル（４歳児から小学校２年生までが参加する運動的・文化的行事）に合同で取り組ませている。また小学生が幼稚園児を招待し，音読を聴かせる等の活動を進めている。

　小中合同の実践事例として創作活動「文壇パーティにようこそ」を取り上げてみよう。この合同授業は，小学３年生・中学２年生が合同で４～５名のグループを編成す

る。互いに物語や詩などの創作作品をもちより，批評し合う。次の授業では，小中学生が入り交じって，時計，雨，動物園などの物語のグループのテーマを決める。さらに，小中学生が協力してテーマについて連想を広げる。やがて，小学生が創作物語を書き，その作品を読み合って批評し合う，との流れで展開された。

幼小中連携カリキュラムの作成と検証の実践研究は，新たな時代の教育の推進の具体的方向を示している。その顕著な成果は以下といえよう。

幼稚園の教育が小学校・中学校までを見据え，小学校・中学校の教育が，幼稚園の教育に学ぶように，人間の発達・成長を系統的に捉えている。

異年齢集団での合同授業により，相手意識を基調におきつつ，多様な見方・考え方をすること，多様性を活用することが新たな学びの高みをもたらすことを子どもたちに実感させた。

幼小中の合同研究，日常的な情報交換は校種を越えた共創者としての同僚性を育み，教師集団の相互理解を促進している。また教育の本質への認識を深めている。

(2) 主体性の考察

竹早地区幼小中連携教育研究で子どもの実態に基づいて主体性の成長を系統的にまとめ，また，主体性を育むための授業づくりの視点を明示してきた。

研究実践の記録を読み，研究授業を参観すると，主体性の捉え方が広がり，また明確に整理されてきた。この主体性についての研究成果に，筆者の考えを加味し，主体性の概念を下記に集約してみた。

主体性は個人的主体性と社会的主体性に大別できる。個人的主体性は，よりよく生きるために自分の願いにもとづき，自分の意志で判断・選択し行動する姿勢や態度である。社会は相互依存する人々の集まりから成り立っている。個人的な主体性は，必然的に社会的主体性と関連する。社会的主体性とは，社会に生きる他者との関係を基調におき，所属社会の一員としての自覚をもちながら，能動的にさまざまな活動に参加する姿勢や態度である。

個人的主体性は，社会的主体性（他者の存在）との関わりにより，自己の意識や目的が一層明確になり，人間的成長をもたらす。他方，社会的主体性は，個々人の主体性を調整・調和・統合することによって，新たな知を創造し，希望ある未来を構築できる原動力となり得る。留意すべきは強者の主体性の強要がときとして他者の隷属性を派生させることへの配慮である。教師のなすことは，すべての子が主体的に参加する学習を工夫することにある。

主体性は自立とは異なる。自立とはなすべきことが明確な状況下で，そのことに向かって，率先して行動することである。これに対し，主体性とは，状況を把握し，なすべきこと自体をも自身で考察し，判断し，行動することである。

竹早地区幼小中連携教育研究では，自立から主体に至るキーワードは当事者意識・実感と位置づけている。自分・自分たちの課題・問題として，捉えることができ，その解決へ切実感があったとき，主体性が発揮される。主体性とは精神の活動である。よって，主体性を生かした学びとは，新しく得られた知識や情報に自分の考え方・感

130

じ方，生き方が揺さぶられ，戸惑ったり，混乱したりしながら，いままでの自分の思考や感じ方を問い直し，再組織する。さらには，その再組織化した，自分の思考や感じ方を表出することである。この個と集団の往還による，個人的主体性と社会的主体性の調整・調和が「主体的な学び」を生起させる。

本著には，こうした主体性の捉え方を具現化した実践事例が多数掲載されている。

4. 竹早地区幼小中連携教育研究に期待すること

今後に，持続可能で希望ある社会の担い手の育成の視点から「深い思考力」と「グローバル時代の対話力」の育成に関わる実践研究の推進を期待したい。

「深い思考力」とは，多様な知識，能力，感性，理解，技能，経験，意欲などの，さまざまな要素を統合・総合し，課題・問題・難題を探究できる「統合・総合的思考力」といえよう。筆者は，深い思考力の具体化を次に収斂している。

・課題・問題・難題探究・解決のための意識をもつ。
・多面的かつ総合的なもの見方や考え方，感じ方を重視し，多様な見解や感覚を結びつけ，組み合わせ，統合し，新たな智を生起させる。
・従前の価値観や見方に固執せず，事物・事象を新たな視点や発想からとらえ直す。
・様々な情報，複数の考えから最良と判断できる考えを選択する。
・ものごとの本質を見抜く直感力・洞察力をもつ。発想の転換への勇気をもつ。
・情報の不十分・不明確な部分を推察により補充・強化できる。
・ひとつの結論にとどまらず，次々とより深い知的世界を「探究」していく。
・自己内対話の活用により，自己の考え方を整理・統合，再構成していく。

課題は，「深い思考力」を育む，「学びを深める場や方法」の探究にある。

グローバル時代の対話力に関わっては，日本の教育の実践研究で希薄な次の2点の具体的手立ての探究を期待したい。

「批判的思考」と「響感・イメージ力」である。批判とは，誹謗・中傷とは異なる。相手の伝えたいことを明確に捉えるため，また，相手の見解を真剣に受け止める行為である。批判的思考は，反省的・省察的態度，合理的・論理的技能，批判的・懐疑的な思考を対話に持ち込み，安易に納得しない，真摯な聴き合いによる論議の深まりをもたらす。「響感・イメージ力」とは，相手の思いに気づき，響き合ったり，表出の背景に本音や，立場を推察したり，不十分な情報からも的確に判断したりしようとする姿勢や態度，やわらかな感受性である。

異文化の背景をもつ多様な他者と協同して，新たな解や叡智を共創していくためには，この，「批判的思考」と「響感・イメージ力」が重要である。

教育実践の神髄は「事実として学習者を成長させること」にある。その主体的担い手は教師である。竹早地区幼小中連携教育研究に携わる人々が，このことに誇りをもち，新たな時代の教育の推進者として，さらなる高みを追究していくことを期待したい。

おわりに

　本書は 1986 年，竹早地区幼小中連携研究の発足から今日までの歩みを振り返りながら，研究の核となる幼小中連携カリキュラムの創造と検証を行った 2006 年から 2016 年までの研究の実態と成果をまとめたものです。

　現在，竹早小・中学校のような施設一体型学校は公立，義務教育学校を含めると全国で 200 校を優に超え，以前にも増して小中連携や交流が盛んに行われていますが，竹早地区の連携教育研究の特徴は，幼小中一貫教育の創造と一体化校舎の着手から 30 年以上という長い歴史を有しているだけでなく，幼小中全教員によるボトムアップの研究運営と多数の実践交流によって，「主体性の育成」が可能な連携カリキュラムを創造したところにあります。また，異校種間の教育観，価値観，文化の違いを超え，地道な交流と共同研究を進めてきたことで成し得た連携教育研究の一つの到達点も示しました。

　竹早地区で連携教育研究が始まる 1980 年代は，それまでの知識量偏重型の教育から，個性を重視し，自ら学び自ら考える経験重視型，過程重視型の「ゆとり教育」へシフトする転換期であり，1989 年改定の学習指導要領では，社会の急激な変化に対応できる心豊かな人間の育成を理念とした，思考力や問題解決能力などを重視した新しい学力観が示されました。ここ最近の人工知能の目覚ましい進歩やグローバル社会の急速な発展が進む中，2017 年 3 月に文部科学省は，次期学習指導要領で第 4 次産業革命の時代を見据え，予測不可能な変化に柔軟に対応できる「生きぬく力」を育むために，「主体的・対話的で深い学び」の実現を大きなテーマとしました。竹早地区では，「主体性の育成」と「連携カリキュラム」の研究を基に，次なる研究テーマとして「学びを深める場をつくる」を掲げ，園児・児童・生徒の様々な学びの姿から連携教育の研究をさらに前進させていきます。

　本書が幼小中の教育現場で活用され，連携教育研究の一助になれば望外の喜びです。最後になりましたが，これまで本研究に携わってきた全ての皆様に心より感謝申し上げます。

2018 年 8 月

東京学芸大学
附属幼稚園竹早園舎長
附属竹早小学校長　　　清野　泰行

執筆者一覧

石戸谷浩美（中学校）

猪又　　匠（中学校）

岩岡　敬祐（小学校）

岩瀬三千雄（中学校）

上園　悦史（中学校）

浦山　浩史（中学校）

大熊　誠二（中学校）

荻野　　聡（小学校）

小野田啓子（中学校）

勝岡　幸雄（中学校副校長）

加藤　英明（中学校）

金枝　岳晴（中学校）

金田　知之（小学校）

神山　雅美（幼稚園）

茅野　政徳（小学校）

菊地　圭子（中学校）

清野　泰行（幼稚園園舎長・
　　　　　　小学校校長）

桐山　卓也（小学校）

久我　隆一（小学校）

窪田　美紀（小学校）

倉次　麻衣（小学校）

小岩　　大（中学校）

酒井やよい（中学校）

佐藤　正範（小学校）

佐藤　洋平（小学校）

鈴木　　裕（中学校）

田岡　朋子（小学校）

高須みどり（小学校）

多田　孝志（目白大学名誉教授・
　　　　　　金沢学院大学教授）

丹　　陽子（中学校校長）

塚越　　潤（中学校）

徳富　健治（小学校）

永末　大輔（小学校）

中野　未穂（中学校）

彦坂　秀樹（幼稚園副園長・
　　　　　　小学校副校長）

福地香代子（小学校）

堀内　　泰（中学校）

松津　英恵（中学校）

宮嵜佐智子（小学校）

宮田　諭志（小学校）

森　　顕子（中学校）

八木亜弥子（幼稚園）

山田　剛史（小学校）

山田　　猛（中学校）

横山　　晶（中学校）

（平成 30 年 3 月現在）

子どもが輝く
―幼小中連携の教育が教えてくれたこと―

2018（平成30）年 8 月 24 日　初版第 1 刷発行
2018（平成30）年 9 月 19 日　初版第 3 刷発行

編著者：東京学芸大学附属幼稚園竹早園舎
　　　　東京学芸大学附属竹早小学校
　　　　東京学芸大学附属竹早中学校
発行者：錦織圭之介
発行所：株式会社 東洋館出版社
　　　　〒 113-0021　東京都文京区本駒込 5-16-7
　　　　営業部　TEL 03-3823-9206 ／ FAX 03-3823-9208
　　　　編集部　TEL 03-3823-9207 ／ FAX 03-3823-9209
　　　　振　替　00180-7-96823
　　　　ＵＲＬ　http://www.toyokan.co.jp

装　丁：mika
印刷・製本：藤原印刷株式会社

ISBN978-4-491-03573-4/Printed in Japan

JCOPY ＜㈳出版者著作権管理機構　委託出版物＞
本書の無断複写は著作権法上での例外を除き禁じられています。複写される場合は，
そのつど事前に，㈳出版者著作権管理機構（電話 03-3513-6969，FAX 03-3513-6979，
e-mail：info@jcopy.or.jp）の許諾を得てください。